はじめに

やまとうたは、人の心を種《たね》として、万《よろづ》の言《こと》の葉とぞなれりける。

（紀貫之「仮名序」『古今和歌集』）

千年以上も昔に書かれた文章です。人の心から言葉が生まれ、和歌が生まれるということが書かれています。この「心から言葉が生まれる」というところから、この本を始めたいと思います。人の心から生まれた言葉、その言葉で書かれた詩や文章を読むと心が動かされます。その動かされた心を自分の言葉で表現していきながら、福祉について考え、自分らしい生き方について考えていく、ということを試みてみたいと思います。「文章表現ノート」としたのは、私が書いたものをもとにして、皆さんが自由に書き加えて、皆さん自身のノートをつくっていってほしいと考えたからです。

第一章から第十一章まで様々な詩や文章を挙げました。実際に私が心を動かされたものです。新聞の投書では投稿者一人一人の心から生まれた文章に心を動かされ、新聞記事では人生の様々な場面に思いをめぐらせ、一人一人の生き方に共感しながら福祉について考えてきました。その軌跡をたどるようにして構成し、皆さんにも考えてほしいことを問いかけてみました。

各文章に設けた問いにはいくつかの種類があります。小さな空欄で、文中から抜き出せる短い言葉が入るものもあります。これらは解答を載せる必要もないほど簡単なものです。またそこから一歩踏み込んで、自分の言葉で表現してほしい空欄や問いかけもあります。これらは文字通り自分で考えてほしいという願いを込めて、解答は載せていません。最初は思いつかなくても、折に触れて考えをめぐらし、深めていってほしいと思います。また一度答えを思いついても、時を経たある時「ああ、そうか」と思い返すことがあればと、そんなことも期待しています。

少し気の長い話ですが、この本は、千年以上の歴史を積み重ねてきた「心から言葉が生まれる」という私たちの文化の中に、まだ歴史の浅い福祉の文化を取り込んでいこうという試みでもあります。それを、私が教壇を離れて過ごした二十年間ずっと考えてきたことの一つの成果として、まとめることにしました。そのきっかけとなったのは、昨年度、二十年ぶりに教壇に立つことになった介護福祉の専門学校での授業です。そこで私は初めて「文章表現法」という授業を担当し、文章表現しながら福祉を学ぶという実践を行うことができました。介護福祉士を目指す学生が、自分を表現したいという思いをあふれさせながら福祉を学んでくれたことを、うれしく思っています。

さらに多くの方々が福祉についての考えを深め、自分らしく生きていかれることを願いながらこの本を書きました。福祉を学ぶということは、人間を肯定し、自分を肯定し、自分らしく生きていこうとすることです。それは、私が二十年間思い続けてきたことです。このような思いを持ち続けることができたのは、いつも新聞紙上で、真実に生きようとする人と出会うことができたからです。そして今回、投稿者の方々から転載の承諾が得られたことは、私にとって大きな励みとなりました。

なお、研究論文等を引用する際、敬称は略させていただきましたが、新聞記事に紹介されている方および投稿者の方は「さん」と呼ばせていただきました。また、そのご家族の方は続柄だけを表記させていただきました。

掲載を承諾して下さった投稿者の方々に、心よりお礼申し上げます。

二〇二一年一月

目次

序章

真実を求めて

すべて真実なこと、すべて尊ぶべきこと、すべて正しいこと、すべて純真なこと、すべて愛すべきこと、すべてほまれあること、また徳といわれるもの、称賛に値するものがあれば、それらのものを心にとめなさい。

（『新約聖書』ピリピ人への手紙）

私の学びの出発点は、この言葉でした。この言葉に出会ってからどのようにして福祉を学び、そしてこの本を書くに至ったのかについて少しお話したいと思います。その経緯がそのままこの本の序章になると考えるからです。

この言葉に出会ったのは十八歳の時です。大学の入学式でこの言葉が読み上げられた時、それまでとは全く違った世界が広がっていくことを感じました。自分の進むべき道が何も見えない不安な心に「すべて真実なこと」という言葉がすうっとしみ込んできました。そして、真実を学び真実に生きるというひとすじの道が、私の前に示されたのです。

また、大学一年次に分けられたクラスでミヒャエル・エンデの『モモ』を半年かけて読んだことも、私にとっては決定的な出来事でした。『モモ』の中では、「時間とはすなわち生活なのです」という言葉が繰り返されています。（大島かおり訳、岩波書店、一九七六年）

時間は時計の中にあるのではなく、自分の心の中にあるということです。時間とは自分自身の生活であり、人生であり、命そのものであるということを私は学んだのです。

二年次からは日本文学を専攻し、文学というもいわば虚構の中で表現される人間の真実、人間性について学び、卒業後は私立高校で国語教師として働き始めました。

私が働き始めた一九八七年は男女雇用機会均等法が施行されて二年目の年でした。女子差別撤廃条約に批准するために、あわただしく国内法が整備されたのでした。そして一九八九年に子どもの権利条約が国連で採択されるのに合わせて、日本でも子どもの権利を求める動きが活発になっていきました。特に、「子どもの意見表明権」（第一二条）や「条約の広報義務」（第四二条）の重要性が指摘されていました。

このように女性の権利や子どもの権利が叫ばれる中で、私は自分自身の生き方に悩み、生徒に何を伝えるべきかに悩みました。「権利」の中にある「真実」がわからなければ一歩も前に進めないという心境でした。

そこで私は、法律を学び始めました。「人権」について学び、その背後にある自然法論に心をひかれました。日本国憲法第一一条の「基本的人権は、侵すことのできない永久の権利」という表現にも自然法論の流れを読みとることができます。永久に普遍的に、法を超えたあるべき法が存在すると考える自然法論の源流は古代ギリシャ哲学にさかのぼり、キリスト教の影響を受けて一八世紀にはヨーロッパ全体に広まったことを知り、ここであの「すべて真実なこと」という聖書の言葉とつながりました。人権こそが、人間が求め続けている真実であり、一人一人の生活の中で、人生の中で、社会の中で実現されるべきものであり、生徒に教えなければならないことなのではないかと思いました。そうして人権について学んでいくうちに、私は元気になっていきました。「人権がある」ということが私を励まし、勇気づけてくれたのです。これは後述するロゴテラピーにつながる体験でした。

ところで、そもそも人権とは何でしょうか。実定法が制定される前から人間に与えられている永久の権利を、目の前で一瞬一瞬過ぎてしまう日常の中でどのように認識し、どのように実現していけばよいのでしょうか。

❋

「人間性」から論理必然的に派生するもの

（宮澤俊儀『憲法Ⅱ』〈新版〉有斐閣、一九七一年）

この人権の定義はシンプルで、拍子抜けするほど簡単でした。人間ならば当然必要となる権利、人間らしく生きるために必要な権利。そのキーワードはずばり「人間性」だったのです。その人間性を追求し、表現してきたのは文学だったのではないでしょうか。

私は再び、文学に戻りました。

こういう山のサナトリウムの生活などは、普通の人々がもう行き止まりだと信じているところから始まっているような、特殊な人間性をおのずから帯びてくるものだ。

（堀辰雄『風立ちぬ』）

この小説が書かれた一九三六年当時、結核は不治の病でした。サナトリウムで療養する婚約者に付き添った作者自身の経験がもとになった小説です。「すこし風変りな愛の生活」「いくぶん死の味のする生の幸福」とも表現された二人の生活の中で、作者は、「あとからあとからと湧いてくる思想」に突き動かされて小説を書き始めるのです。死に近づいていく婚約者との限られた時間を過ごす意味、一瞬一瞬のかけがえのない時間を過ごしていること、そのことを書かずにはいられない思い、それが生きる喜びとして心から湧き起こってきたのです。

人間は、「もう行き止まりだ」というような状況の中でも、生きる喜びを感じることができます。最初から絶望的な状況を望むことはありませんが、その状況を受け入れるしかない時、かすかに差し込んできた光の美しさを感じとることができます。それが人間としての性質、すなわち人間性なのです。

私たちは、周りの状況によって幸か不幸かを判断しがちですが、重要なのは、その人が生きる喜びを感じているかどうかです。裏を返せば、「この状況であれば誰もが幸せになるはずだ」というような単一的な判断はできないということです。その人が本当に幸せかどうかということを考える視点が大切です。そのような視点がなければ、人間性を正しく捉えることはできないでしょう。そしてこの人間性を深く理解しなければ人権にはたどり着けないのです。

よろこびが集ったよりも
悲しみが集った方が
しあわせに近いような気がする

強いものが集ったよりも
弱いものが集った方が
真実に近いような気がする

しあわせが集ったよりも
ふしあわせが集った方が

愛に近いような気がする

（星野富弘『四季抄　風の旅』一九八二年）

この詩の作者は、中学校の体育教師になって間もなく体操のクラブ活動の指導中のけがで手足の自由を失いました。その後、口に筆をくわえて詩や絵を書き続けています。この詩では、逆説的な表現を重ねることでより真に迫ってくるものを感じさせます。「逆説」とは、一般的な解釈とは反対のことを言っているようでも、実際は深い真実を示唆しようとする時に使われる表現方法です。一般的には、「悲しみ」よりも「よろこび」の方が「しあわせ」に近いはずです。でも、悲しみが深すぎて、本当に絶望的で、来る日も来る日も悲しみに打ちひしがれている時、それでもその人を支えようと人々が集まり、なんとか乗り越えようとしている時、その「悲しみ」が深ければ深いほど、弱ければ弱いほど「愛」を感じるのではないでしょうか。この逆説的表現が作者の悲しみと葛藤の深さを物語っています。そしてこの苦しみは、「愛」によってしか乗り越えられるものではなく、そこに人間の「真実」「人間性」を見出すことができるのです。実際、九年間に及ぶ入院生活にすべてを犠牲にして付き添ってきた母親について作者は、「私をおきざりにできない弱さ」「どうにもならない弱さ」と表現しています。（星野富弘『愛、深き淵より。』一九八一年）この、弱くて強い、逆説的にしか表現できないような人間の「真実」を、この詩から感得することができるのです。私は、この詩の「真実」という言葉にまず魅せられ、次に「福祉」に引きつけられていきました。「福祉」は、人間のあらゆる可能性を示しながら、「教育」に行きづまった私を先導してくれたのです。

わが生は、下手な植木師らに
あまりに夙《はや》く、手を入れられた悲しさよ！
由来わが血の大方は
頭にのぼり、煮え返り、滾《たぎ》り泡だつ。

（略）

（中原中也「つみびとの歌」『山羊の歌』）

この詩を初めて読んだ高校生の頃は、自分も随分と枝を切られたものだ、と感傷に浸ったものです。ところが、教師を経験してから読むと、今度は自分が「下手な植木師」だったのではないか、と苦しい思いにさせられます。

植物も人間も、環境さえ与えられれば、成長し続けることができます。そして、明らかに成長の妨げになっている枝があった時、他の木の成長を妨げている枝があった時、植木師はその枝を切り落とすことでしょう。

人間で言えば、人間としての成長を妨げる要因があった時、他人の成長を妨げている要因があった時、その部分を切り落とす必要が出てきます。そして、「あの枝を伸ばすためには、こうした方がいいのではないか」と助言をしたり、さりげなく養分を足したりします。時には、見たこともないような枝ぶりに驚くこともあるかもしれませんが、その人にとっては大切な枝かもしれない、将来は社会で必要となる枝かもしれない、と「想像力」を働かせて、そっと見守ることも必要でしょう。

ところが、固定観念や先入観にとらわれてしまうと、その「想像力」がうまく働かなくなることがあります。最初から駄目だと思ったり、成績や効率といった基準だけで判断して、大切な枝を無造作に切り落としてしまうことがあります。特に、社会全体が一つの強力な価値観によって支配されていると、せっかく伸びてきた同じ枝が何度も切られてしまうということが起こります。そのようにして、家庭や学校や職場で傷ついている人がいるのではないでしょうか。中原中也のこの詩を読むと、社会の至るところから悲しみの声が聞こえてくるような気がします。

人間の可能性は、私たちの想像をはるかに超えています。一人一人が個性を持ち、予想もしなかったところから新芽が芽吹き、様々な枝を伸ばしながらそれぞれの人生を生きていきます。それが人間本来の「真実」な姿なのです。そんな人間の真実を呼び起こし、社会の本来あるべき姿を示してくれるのが「福祉」ではないだろうか、人間の本当の幸せを求めて真実に生きようとする人間が歴史を切り拓いていく、その最先端にあるのが「福祉」ではないだろうか、と考えた私は、福祉を学び始めました。

私が福祉を学び始めた一九九〇年頃は、高齢者保健福祉推進十カ年戦略が策定され、日本型福祉社会が猛スピードで構築されようとしていました。そんな中で、スウェーデンに「国民の家」という思想があることを知りました。これは、国全体が「家」の機能を持ち、国民一人一人の要求が実現できるように、国が包括的に規制・統制・調整していくというもので、その社会運営技法全体が「スウェーデンモデル」と呼ばれていました。その特徴は「社会の真ん中に個人を位置付け、一人ひとりの市民を不安から解放して、豊かさとゆとりを実感できる社会を構想した」（岡沢憲芙『スウェーデンの挑戦』岩波新書、一九九一年）という点です。社会の真ん中にある「個人」には、子どもも女性も、高齢者も障害者も、労働者も外国人も含まれます。その一人一人が安心できるような政策が、民主的で合理的な手法によって次々と打ち出されていったのです。

ここで注意しなければならないのは日本の家族主義との違いです。日本では、日本国憲法が制定されて民法が改正されるまで、家長に絶対的な権力が認められていました。法学者の川島武宜によれば、終戦当時、そのような家族主義が日本全体を覆っていたのです。そして、そのような家族的原理を否定しなければ民主化はなし得ない、「自発的な人格の相互尊重という民主主義的倫理の基礎の上においてはじめて、真に深い人間愛に結びつけられた家族生活・社会生活の精神的結合が可能となる」と指摘されています。（川島武宜『日本社会の家族的構成』日本評論社、一九五〇年）

そう考えると、前述の『風立ちぬ』で、戦前のサナトリウムでの「特殊な人間性」は、当時としてはまだ珍しかった「精神的結合」としての恋愛を描いたものであったと言えるでしょう。サナトリウムの一見絶望的な状況の中で人間の真実を求めた結果、近代家族の出発点となるべき「精神的結合」を文学的に表出してみせた作品として読むことができます。

また、日本の「家族的構成」は、戦後の日本の福祉を考える上でも軽視できない問題です。日本では、国家という大きなピラミッドの中に「家」や「企業」といった小さなピラミッドを組み込むようにして「家族的構成」を成していました。そして、「企業内福祉」や育児や介護をすべて「嫁」に頼るような「家族的構成」が戦後の日本を支えていたのです。そして現在、非正規雇用が増え、家族のあり方も多様化する中で、その変化に社会システムが対応しきれていないという点で、日本はまだ「家族的構成」を克服していないのではないでしょうか。従来の「家族」や「企業」から外れた一人一人も含めてすべての「個人」を想定したシステムをつくっていかなければ、根本的な解決は望めないのではないでしょうか。つまり、社会の真ん中に「個人」を置き、国家と直接渡り合えるようにしていかなければならないのです。

そのような視点で考えていくと、国家と個人の間に存在するあらゆる「中間団体」をいったん否定し、「いわば力ずくで」「個人」を取り出すことが、歴史の通過点としてどうしても必要だった（樋口陽一『自由と国家―いま「憲法」のもつ意味』岩波新書、一九八九年）という指摘に、大きくうなずかされます。中世の身分社会の歴史を持たず、「ばらばらの個人」から出発したアメリカと異なり、中世の歴史を持つヨーロッパや日本では、社会のすみずみまで支配したその「身分制的社会編成」を否定することが「個人」を取り出すために必要だったのです。（注1）

ヨーロッパでは、神と一対一で向き合うキリスト教の文化があり、自然法の思想があり、フランス人権宣言から二百年かけて自由権から社会権へと人間の権利を育て、「個人」を確立してきました。人間は自由で平等だという自由権を基本とする人権から、人間の自由と平等を守るために国家や社会はどうすればいいのか、という「社会権」を含めた人権に進化していきました。それは、自由権と社会権が別個にあるのではなく、人権を考える時の人間の捉え方が、「抽象的人間」から「具体的人間」に変化してきたということです。さらには「苦しみや挫折感をもつ」「弱き」人間、様々な境遇にある、より具体的な人間に対する援助をどうするのかという「福祉的権利」としての人権へと変化してきているのです。（注2）このような人間の捉え方は、福祉を学ぶ上で非常に重要になります。より「具体的人間」の、「苦しみや挫折感をもつ弱い人間」の人権を守っていくことが求められているのです。

それに対して日本では、基本的人権や個人の尊重、生存権の保障もほぼ同時に、一般の国民にとってはあまりにも唐突に、戦後の憲法によって与えられたのでした。そのため日本では、自由権と社会権の脈絡が理解されず、自由権をあきらめたところに社会権としての福祉が与えられるというような解釈をする国民も多かったのではないでしょうか。

そんな中で、日本人の心の中から人権の思想を掘り起こし、そこから日本の福祉を構築していこうという思索も生まれてきました。

例えば、終戦翌年に障害児施設「近江学園」を創設した糸賀一雄は、新しい人間観の創造が必要だと訴えました。お互いの生命と自由を大切にする「共感と連帯の生活感情」すなわち「福祉の思想」が必要で、そのためには「社会のあらゆる分野で、人びとの生活のなかで、その考えや思想が吟味されなければならない、と論じています。（『福祉の思想』日本放送出版協会、一九六八年）

また、「他人に対する温かい思いやりの心」を「福祉の心」と表現した阿部志郎は、そのような心は「法や規則以前のものであり、本来誰もが心の中に持っているはずのもの」であるにもかかわらず、「福祉、福祉といわれながら、福祉がホンモノにならない」と嘆きます。そして、「一人びとりの人間の主体性を重んじるヨーロッパが、そこから連帯性を生み出し、福祉の思想をつくりあげてきた」と、

日本とヨーロッパの歴史的背景の違いを指摘しています。（『福祉の心』海声社、一九八七年）

つまり、「個人」や「人権」の歴史を持たない私たちが福祉を理解するためには、まず「福祉の思想」や「福祉の心」を持たなくてはいけないのです。そして、それを獲得するためには、普段の生活の中の目の前のことについて、どう考え、どう行動するかについてよく吟味し、主体的な個人になるとはどういうことなのか、検証していくことが必要なのです。それは堅苦しいことではなく、人生を豊かにし、社会をよりよくしていくことに違いありません。それを、皆さんと、これからやっていきたいと思っています。

◆

その方法について、もう少し考えてみましょう。

阿部志郎の「法や規則以前のもの」という表現は、自然法論に通じるものです。この「自然法」をどのように認識するかということを調べていくと、次のような先行研究を見つけることができました。

政治学者の石田雄は、「個別的かつ即時的な『人権感覚』を、全法秩序の前提までも問いなおす『基本的人権』という原理的思考にまでいかにして発展させるか」（『日本近代思想史における法と政治』岩波書店、一九七六年）に着目しています。つまり、「人権感覚」から考えていくということです。

法学者の阿南成一は、自然法が直感的にしか認識できないという批判をかわすためにも、自然法の認識方法が究明されなければならないとして、「情緒的認識」、「実存する人間の現象をありのままに把握」することを提唱しています。（注３）

いずれからも、「感覚」や「情緒」によらなければ自然法は認識できない、ということがわかります。

そして、「実存する人間」をありのままに把握していくという方向性が示されました。

さらに、政治学者の高山巌は、実存的危機において経験する「孤立した個」こそ、「自由と自律の主体」であると言っています。その「孤立した個」に対する「人間としての深い共感といとおしみこそが新たな人間的・社会的連帯性の究極の基盤になるべき」で、そのためには「各人がむしろ一層の孤立の深みへと下りて行かなければならない」と言うのです。（注4）

つまり、日本人が歴史的に経験できなかった「自由と自律の主体」としての「個人」を「孤立の深み」に下りていくことによって獲得できる、そこから真の「連帯」を築き上げることができるということを示唆しているのです。そして、実際にフランスという異国において、孤独であるところから人間としての普遍性を追求していった森有正（一九一一年～一九七六年）に着目し、その思索の道筋を検証し、図式化しました。（注5）それをまとめると次のようになります。

〈個↔普遍〉

これは、「個の極致が俄かに普遍に拡大する」という森有正の思想を端的に表現したものです。私たちが孤独になり、自己を突き詰めていくと、人間としての普遍性を感得できるということです。そこに人間性や人権を解く鍵がありそうです。

〈感覚↔経験↔定義〉

あるものが自分に強く響き、生き生きとした「感覚」が生まれ、「自分の中に自分の時が流れはじめた」という「感覚」が成熟すると「経験」になり、個人の経験が普遍的なものに広がっていくことによって言葉が「定義」される、ということを表しています。

ここで「言葉」が関係してくることに着目しましょう。〈経験↔定義〉の過程で「言葉」が必要になってくるのです。そして、個別的な経験から普遍的な意味を定義して、〈個↕普遍〉の過程をたどることによって、思索を深めていくことができるのです。

ここでやっと、私たちが取りかかろうとしている「言葉」の問題が出てきました。〈個↕普遍〉と〈感覚↕経験↕定義〉という図式を使って「言葉」をたどっていけば、人権や福祉を認識することができるのではないでしょうか。

さらにもう一つ、「実存」という言葉の概念について整理しておきましょう。人間の存在は、実存主義者が定義したように「不安と孤独と絶望のうちにある単独者」（キルケゴール）です。このような共通の基盤があるからこそ共感することができ、他者とのつながりを求め、連帯することができます。孤独であるからこそ自分はどう生きるべきか考え、人間の本質を見極めようとします。本来あるべき自分、本来あるべき人間のあり方を求めていきます。人間の「実存」に由来するこのような性質を「実存性」と表現したいと思います。（注6）

「人権」という言葉の背後に広がる「自然法」の世界を、人間の「実存性」を追求することによって私たちは感じることができるのです。言葉にならないような感覚を言葉に表現しようとすることによって、そこに近づくことができるのです。

こころよ　では　いっておいで
しかし　また　もどっておいでね

やつぱり　ここが　いいのだに
こころよ　では　行つておいで

（八木重吉「心よ」『秋の瞳』）

心は、自由に旅に出られます。人間本来のあり方、自分本来の生き方を求めて、私は、文学、法律、福祉を学んで、再び「言葉」の世界に戻ってきました。私が自分らしくいられるところは、やはり「言葉」の世界だったのです。「やっぱりここがいい」と言って「言葉」の世界に戻ってみると、そこで大村はま（一九〇六年～二〇〇五年）という国語教師の、五十年にわたる教育実践の記録に出会いました。大村はまは、大学の大先輩として尊敬していましたが、少し遠い存在でした。しかし改めてその著書を読んでいくと、終戦直後の公立中学で、「ことばこそ民主教育に役立つ力」という信念のもと教壇に立った大村はまの戦後の出発点が、私が今やっとたどり着いたこの到達点と同じなのではないかと思えてきたのです。

大村は、自分で考え話し合いのできる自立した人間を育て社会に送り出さなければ、という強い使命感を持っていました。これは、「子どもの意見表明権」を実際に使えるようにすることだったのではないでしょうか。子どもの権利条約が国連で採択されるずっと前のことです。そして「ことばを育てることは　こころを育てること　ひとを育てること　教育そのものである」と考える大村が目指したのは、人権を心から理解し、尊重し合えるような社会だったのではないでしょうか。「教師が教えることをしないでなにをするのですか」という大村の言葉には、それを教師が教えてあげなければならないという使命感が強く表れています。

そしてまた、子どもが安心して発言できるようにという細やかな配慮と、自分自身に対する戒めには本当に頭が下がります。例えば「わかりましたか」という言葉は生徒に「はい」という返事を期待するものだから、「×わかりましたか」というメモを指に巻き付けておいたとか、朝起きて気分が少し優れない時には指に白いばんそうこうを巻き付けて、余計な小言を言わないように気をつけるというような具体的な方法を考案して実践しました。頭ではわかっていてもそれを実践することは難しい、だからどうやったら実践できるのかということを、子どもに対しても自分に対しても常に考え、工夫してやり抜いていたのです。

「気がつくべきことに気がつくようにする」「ほんとうは教師が与えているのに、子どもからみると、まるで自分が発見したような感じであるようにしたい」という、本当に細やかで優しさにあふれた授業の実践記録に胸が熱くなります。特に、「単元学習」という独自の授業形式で、周到な準備をして教材をつくり、二度と同じ教材を使わなかったということに私は驚きました。（注7）

大村はまが実践したのは、一回限りの教材で一人一人の生徒と言葉を交わしながら一人一人の成長に立ち会っていく、まさに実存的な授業だったと言えるでしょう。それを何十年も続けるということは、とても真似のできることではありません。ただ、法律や福祉を学んで、やっぱりここがいいと「言葉」の世界に戻ってきた今の私には、「言葉」に込めた大村の願いがわかるような気がします。その時その場面でどのように考え判断したのか、それを自分の言葉で表現することの大切さ、しかもそれが自分の心の中から湧き起こる「真実の言葉」でなければいけない。子どもが失敗しないようにシナリオまで考え、子どもが自信を持って発言できるようにと考え抜かれた大村の授業に驚嘆しながらも、そうやって子どもたちを育てていかなければ、民主的な社会、人権を尊重する社会をつくることはできないのではないかと深く共感しているのです。

✵

私は、主に新聞紙上で偶然出会った一人一人の生き方に共感しながら、この本を書いていきたいと思います。〈個↕普遍〉〈感覚↕経験↕定義〉という図式と「実存性」という概念を手掛かりにして、人権や福祉について皆さんと考え、学んでいきたいと思います。

一人一人の一回限りの出来事、その時の考え、判断、それを表現した行為、すべてかけがえのない瞬間、瞬間の記録です。それを思うと心が一杯になってしまいます。大村は、「切実になった時、言いたいことが胸一杯にあって、しかしつまってなかなか言えない時、そういう時にことばというものは伸びる」のではないか、と言っています。私自身も、言葉につまってよい言葉が見つからないかもしれません。どうか皆さんも一緒に考えて、あなた自身の言葉を見つけてください。きっと人権を尊重した福祉社会のあり方が見えてくるはずです。私たちの心は、そんな人間本来のあり方を求め続けているのです。

こころよ　では　行つておいで

（注1）樋口陽一は、当初のフランス人権宣言においては、「結社の自由」がなく、「結社」からも自由になることによって「個人」を取り出したのに対し、日本の歴史においては、中間団体が「国家権力の支配を伝達する、いわば下請け機構」（一六八ページ）となってしまったと論じている。このような問題意識が、本書の第六章・八章の基底となっている。また、このような視点から日本の福祉文化について論じたのが、拙稿「中村きい子『女と刀』にみる二つの文化」（『福祉文化研究』一九九九年）である。『女と刀』（中村きい子）については、本書の第十章でも言及している。

（注2）アメリカの法哲学者ドゥオーキンの表現を引用しながら佐藤幸治が論じた「法における新しい人間像」（岩波講座『基本法学1』一九八三年）を参考にした。

（注3）阿南成一の見解については、「自然法の認識問題—序説」（『大阪市立大学法学雑誌』一〇巻三号、一九六四年）、「自然法論」（『現代法の思想』岩波書店、一九六六年）、「自然法の実存的現象学—自然から当為へ」（『大阪市立大学法学雑誌』二〇巻二号、一九七三年）の各論文参照。

（注4）高山巌『現代政治理論における人間像—タルコット・パーソンズ研究序説』（法政大学出版局、一九八六年、三一一〜三一三ページ）

（注5）高山巌「近代日本の『自我』形成と社会的連帯性（1）〜（4）」（『埼玉大学教養学部紀要』一九八七年〜一九九〇年）参照。森有正の思索については、『森有正全集1』『森有正全集4』（筑摩書房、一九七八年）、『生きることと考えること』（講談社新書、一九七〇年）参照。

（注6）このような「実存」の考え方は、茅野良男『実存主義入門—新しい生き方を求めて』（講談社現代新書、一九六八年）を参考にした。茅野の「個別的な存在と普遍的な本質とが接触する場所」という「実存」の捉え方は森有正の〈個↕普遍〉と合致するものであり、「既成の考え方にとらわれず、本当にあることへと立ち出でてゆく」生き方そのもの、という「実

存」の捉え方は、真実を求める生き方そのものである。また、この視点からの論考として、拙稿「福祉と文学―人間の実存性の視点から」（『福祉文化研究』一九九五年）を参照していただければ幸いである。

（注7）大村はまについては、大村はま『日本の教師に伝えたいこと』（筑摩書房、一九九五年）『新編　教えるということ』（ちくま学芸文庫、一九九六年）『大村はまの日本語教室・日本語を育てる〈新装版〉』（風濤社、二〇一二年）大村はま・刈谷剛彦・刈谷夏子『教えることの復権』（ちくま新書、二〇〇三年）刈谷夏子『優劣のかなたに』（筑摩書房二〇〇七年）に拠った。

第一章

自己の発見

外も内も私は私　19歳の目覚め

大学生　髙村玲香（東京都　19）

私にとっての「鬼」は、少し前までの自分だ。物心ついて以降、無意識に、外と内を使い分けてきた。外では人目を気にしていい顔を振りまき、家に帰ると家族に自分の不安や怒りをぶちまける。そんな自分が大嫌いだった。知人から「優しい」「親と仲が良さそう」などと言われる度に心がざらついた。常に満たされない気持ちを抱え、それをどうにか埋めようと必死だった。

転機は19歳になろうとしたとき。SNSや対人関係に疲れていた。救いを得ようと哲学などの本を何冊も抱えて歩く日々、そこで出会った言葉が、私に変革をもたらした。

「今ここに存在する」。何もかも今、ここにある自分こそが自分だと。

なるほど。「自分」とは文字通り「自然の分身」であり、万物と繋《つな》がっているのだ。そう感じられるようになると気持ちが満たされ、私は外と内の枠を超え、あるがままでいられるようになった。今までのつらさが消え、まっさらな気持ちで人と関わることが楽しくなった。

自分と他者に痛みを与え続ける鬼。決別の時が訪れた。

（朝日新聞　声　鬼は外　２０２０年２月１日）

【問一】　髙村さんが「今、ここにある自分こそが自分だ」と、自己を定義できたのはなぜでしょうか。

表現のヒント　〈個↕普遍〉〈経験↕定義〉という図式で考えてみましょう。

対人関係に疲れていた髙村さんは、人間関係から少し離れ、静かに自分と向き合い、自分を表現する言葉を求めて本を読みました。そして、自分は自分であり、自然の一部だという普遍的な真実を発見しました。これは「個の極致が普遍に拡大する」という経験だと言えるでしょう。その経験を言葉で定義したものが「今、ここにある自分」なのです。

自然の中には無数の生命が存在し、その一つ一つがかけがえのない命を有していながら、しかも自然全体が一つの総体として調和を保っています。「自分」はその中の一つであり、「自分」という存在が、個別的なものと普遍的なものと接する場所なのです。

さらに、このような「自己」を確立した後の変化にも着目してみましょう。「まっさらな気持ちで人と関わることが楽しくなった」とあります。おそらく、「自分は自分であり、あなたはあなたであり、それぞれ個別の存在である。それでつながっていけばいいんだ」と考えることで、逆につながることが楽しくなったのでしょう。初めから「人からどう思われるか」と考えるとうまくいかないこともあります。また、人と比べて落ち込むこともあります。しかし、今、ここにいるのが自分です。他人と違うのは当たり前なのです。まっさらな自分をありのままに受け入れて、そこから歩き始めていけばよいのです。そうやって生きた時間が、自分の「時間」すなわち自分の人生になるのです。それを髙村さんは自分自身の力で、自分自身の中からつかみ取りました。ここから「自己実現」が始まるのです。

「自己実現」という言葉は、心理学者マスロー（一九〇八年〜一九七〇年）が提唱し、一九九〇年代頃から日本でも広く知られるようになりました。（当時の訳書では「マスロー」で、現在は「マズロー」と表記されることが多い）「これが自分だ」という自己の発見が自己実現につながるのですが、それを自分の中で体感することは簡単なことではありません。特に日本では、自己を確立させようという働きかけが弱いので、なおさらです。その、現代でも難しいことを、百年前に、しかも自力でやってのけた女性として注目したいのが、平塚らいてう（一八八六年〜一九七一年）です。

一九一一年に創刊された『青鞜』で、らいてうは「元始、女性は実に太陽であった。真正の人であった」と高らかにうたい、「隠れたる我が太陽を、潜める天才を発現せよ」と女性たちに訴えます。この創刊の辞の中には、ニーチェやロダンの引用があり（堀場清子編『「青鞜」女性解放論集』岩波文庫、一九九一年）、それらの影響を受けていたということはあるのですが、それを女性の問題として捉えなおし、自分の生き方として考え抜いて生まれた「太陽」という言葉は、らいてう自身の力でつかみ取ったものでした。

らいてうは、一九歳の時に禅の修行を始め、翌年には悟りを開きます。その後も熱心に修行を続け、「精神集注」によってゆるぎない自己を確立し、二五歳で『青鞜』の創刊の辞を書くのです。「人権」も「自己実現」もない明治時代に、女性が良妻賢母教育しか受けられなかったような時代に、らいてうがひたすら座禅を組み、ひたすら自分の内面を見つめて自己を確立し、本来の自分を求めていったところに、強い「実存性」を感じることができます。また、座禅で「個」を極めることによって人間としての普遍性を獲得したところに、〈個↔普遍〉の関係を確かめることができます。

マスローの心理学は「人間性心理学」と呼ばれています。つまりマスローは「人間性」を追求した結果「自己実現」に行き着いたのです。自己実現を求めていくことは、人間として生きていく上で欠かせないものであり、「人間性から論理必然的に派生するもの」であり、人権として尊重されるべきものなのです。

2

第二章

自己実現

生きがいを追い続ける　熊谷和徳が語る仕事

踊って文化を伝える使命

アフリカ系アメリカ人史と共に

「いつか本場のアメリカでタップダンスを学びたい」。その希望を抱いて、まず大学留学を選び、19歳でニューヨークへ旅立ちました。初めは郊外の語学学校で一人寮生活。英語もほとんど話せず、携帯電話やインターネットのない時代でタップスクールなどの情報もなく、電車で1時間かけてマンハッタンへ通い、とにかく自分の足で求めるものを探しました。不思議と不安よりもワクワク感がいつも勝っていて、目に見えるもの全てが新鮮でした。

ちょうど僕がニューヨークに来た1990年代半ばは、ヒップホップなど新しいアートのムーブメントが起きていて、タップにおいてもまさに新しいスタイルが確立されるタイミングでした。ブロードウェーでは「ブリング・イン・ダ・ノイズ、ブリング・イン・ダ・ファンク」という、アフリカ系アメリカ人の歴史をタップをメインにして物語るショーがスタートしました。約1年後、僕はそのショーのダンサー養成学校のオーディションに合格。毎日6時間のトレーニングが始まりました。

その日々は、僕にタップの本質を教えてくれる人生の転機となりました。アフリカ系アメリカ人のルーツ、タップのルーツをじかに学び、彼らが奴隷制という悲しい歴史からリズムという言語を使って感情を表現し、芸術を生み出してきた背景を知ることができたからです。程度は違いますが、僕自身も日本で不自由さを感じていたので、自分を表現して何かを生み出せたらという思いに強く共感しました。そして最も強く学んだのは、タップが単なるエンターテインメントや仕事の手段ではなく、彼らにとってとても重要な「生き方」であるということです。その思いは今でも自分の表現活動の根底にあるように思います。

アートが人をつないでいく

ニューヨークのタップコミュニティーは僕が思っていたよりも小さくて、映画で活躍しているようなダンサーたちでも、彼らが集まってセッションをしているジャズクラブなどで会うチャンスがあったのです。驚いたことに、憧れの名タップダンサーであるグレゴリー・ハインズと偶然練習スタジオで出会い、数時間２人で練習したことがありました。彼は自分たちの文化を次の世代の人たちや、あらゆる人種に分け隔てなく与えようとしていたのだと思います。その時間は僕にとって最高のギフト（宝物）であり、守っていかなくてはならないものを与えられたと感じました。

だから僕にとってタップは、とても個人的な芸術表現であると同時に、いつも彼らに感謝を表し、それをまた次の人へとつないでいくという使命を帯びたものなのです。

また、僕が通った大学の心理学の教授は、アートを通して心を表現し、それによって人とつながることの大切さを教えてくれました。特にアフリカ系アメリカ人のコミュニティーにとって音楽やアートは、暴力や犯罪といったネガティブなエネルギーから子どもたちを守る上でとても大切な文化だと学びました。かつて日本で、タップを踊るなど意味がないと言われてきた僕は、教授から「大事なことなのでぜひ続けなさい」と励まされ、心からうれしかったです。（談）

（２０２０年４月12日　朝日新聞　広告）

【問一】　タップの歴史を踏まえると、タップの本質は（　ア　）を表現することだ、と考えられる。

空欄（　ア　）に当てはまる言葉を考えてみましょう。

表現のヒント　言葉を主体的に選んでみましょう。

この記事の中でタップの本質に関連したところでは、「アフリカ系アメリカ人」が「奴隷制という悲しい歴史からリズムという言語を使って感情を表現し、芸術を生み出してきた」という記述があります。ここで、どのような「感情」なのかを具体的に表現してみましょう。どのような言葉が浮かびますか。

言葉を選ぶということは、大げさな言い方をすれば、その言葉に責任をとるということです。「私はそう判断した」という確信を持つということです。ここでは、奴隷制という当時どうにもならなかった差別の構造の中で、「アフリカ系アメリカ人」はどんな思いを抱いていたのでしょうか。（　ア　）という思いであったに違いないと判断することが、言葉を主体的に使うということです。では、なぜ（　ア　）と判断できるのでしょうか。それは「人間性から論理必然的に派生する」感情だからです。人間であれば（　ア　）と感じるのが当然だ、と考えることが人間性を理解することです。そしてそれは、差別は人権を侵害する行為であるという判断をするための基準を自分の中に確立することでもあるのです。

【問二】　熊谷さんのタップについて、〈個⇔普遍〉の関係が書いてある部分を抜き出してみましょう。

また、その部分について説明してみましょう。

表現のヒント　熊谷さんが日本で感じたこと、悩んだことの「普遍性」について考えてみましょう。

熊谷さんが日本で感じていたことを、日本で共感して応援してくれる人はいませんでした。しかしアメリカに行ったところ、タップが人間の歴史や文化につながっていることに気がつきました。それが「普遍性」につながるということです。熊谷さんは日本で「不自由さを感じていた」としか表現していませんが、それがどういうことを指しているのか自分なりに解釈して、「……というところに不自由さや生きにくさを感じていたのではないか」と表現することもできます。そして、それが「タップの本質」とつながるわけです。また、日本では「タップを踊るなど意味がないと言われて」悩んでいたのに、アメリカでは「大切な文化」だから「続けなさい」と励まされました。

熊谷さんがタップで表現しているものは、個人的な芸術表現であると同時に、アメリカの歴史や人間の歴史に通じる普遍的な芸術表現だったのです。

〈個↔普遍〉という視点は、「自己実現」を理解するためにも欠かせない視点です。マスローは、「至高経験」をより多く、より強く経験する人が「自己実現の人」であると定義しています。そして、「至高経験」とは、「人間は宇宙の一部である」という明確な知覚を持ち、その中で「自らを確認し、自らを正当化する契機」となり、「その人の真の自我」「真の人間」になろうとすることであり、このような状態をより強く持続的に経験する人を「自己実現する人」と定義しているのです。（佐藤三郎・佐藤全弘訳『創造的人間―宗教・価値・至高経験』〈新装版〉誠信書房、一九八一年、上田吉一訳『完

全なる人間―魂のめざすもの』〈新装版〉誠信書房、一九七九年）

熊谷さんは、タップの普遍性を感じることが「自らを確認し、自らを正当化する契機」になったと考えられます。自分が求めていたことは意味のあることだった、これを自分は求めていたのだ、という経験が「至高経験」となり、「自己実現」に向かうことができたのです。

日本では、何か目標を達成することが「自己実現」だと理解されているような傾向もありますが、実はこの「至高経験」を経ていることが重要なのです。そしてこの「至高経験」は、何かの目標を達成できなかった時、挫折や絶望した時、その後で経験できることも多いのです。

⁂

「できる」積み重ねた先に

岡崎愛子さん

JR宝塚線（福知山線）脱線事故で負傷し、車いすの生活を送る女性が、パラアーチェリーで東京パラリンピック出場内定を決めた。生死の境をさまよい、動かない体に涙した日から15年。未来をあきらめず、小さな「できる」を積み重ねてきた。五輪・パラが延期となった今も、前向きに開幕の日を待つ思いは変わっていない。

2019年6月、オランダで開かれた世界選手権。東京都港区の岡崎愛子さん㉞＝ベリサーブ＝は男女ミックスの3位決定戦で、延長戦の末にチェコを下した。パラ出場資格を満たし、代表が内定。

初めての国際大会挑戦でメダルも手にした。「出来過ぎた大会。やってきてよかったなと思った」

同志社大2年だった05年4月25日、通学のため快速電車の1両目に乗っていた。尼崎駅手前のカーブに差しかかったとき、車両右側が「フワッ」と浮いた。車内に響く男女の悲鳴。体が前に飛ばされた。

乗員乗客107人が死亡し、562人が負傷した。岡崎さんも首の骨が折れる重傷を負い、首から下にまひが残った。肺挫傷による肺炎で呼吸困難に陥り、一時は死も覚悟した。入院は負傷者の中で最長の377日に及んだ。

食事ができるようになるまで回復すると、体が動かないという現実に向き合わねばならなかった。

「歩きたい！　走りたい！」。できなくなったことばかりが頭に浮かび、病室で何度も泣いた。「この先どうやって生きていったらいいんだろう」と、不安に押しつぶされそうだった。

考え方を変えるきっかけになったのが、家族の言葉や、愛犬の存在だった。事故前、岡崎さんは投げたディスクを犬がキャッチする「フリスビードッグ」に明け暮れていた。事故から3カ月ほどたった頃、握力のない手から真下に落ちたディスクを、愛犬がくわえてしっぽを振った。もう遊べないと思っていた愛犬と、遊べたと実感できた瞬間だった。「できないことばかりに目を向けず、『できる』を考えればいい」

事故1年後に復学、08年に卒業した。東京の大手電機メーカーに就職し、ヘルパーの助けを得て一人暮らしを始めた。「すべてを事故に奪われたくはない」と思うと、力が湧いた。

13年、母に勧められて体験教室に行ったのをきっかけにアーチェリーを始めた。16年からパートナーの堀雄太さん（39）が練習を手伝ってくれるようになり、本格的な競技生活が始まった。握力がないため、補助器具を手首に結びつけて射る。50メートル先の的の真ん中に矢が当たった時の爽快感はたまらないという。
昨年11月にはアスリート雇用で東京に本社を置く会社に就職。今年2月、ドバイでのワールドランキングトーナメントで優勝した。新型コロナウイルスの影響で五輪・パラは延期になったが、「粛々と練習して、1年後に備えたい」と前を向く。
4月14日に予定されていた聖火ランナーも持ち越しに。出身地の大阪府池田市が任された区間。「あれから長い時間が過ぎて、ここまで来られたっていう姿を見せたい」

（石田貴子）

（朝日新聞　2020年4月24日）

事故で首から下にまひが残り、握力がなくなってしまった岡崎さんは、もう愛犬と遊べないと思っていましたが、実際は遊ぶことができました。

【問三】「遊べた」と実感できたのは、犬のどのような様子からでしたか。文中の言葉で抜き出してみましょう。（　ア　）

また、それは犬のどのような感情を表していますか。自分の言葉で表現してみましょう。

（　イ　）

表現のヒント　具体的な描写を抽象化して、犬の感情を表現してみましょう。

（ア）には、犬の具体的な動作を表す言葉が入ります。そこから犬の感情を抽出すると（イ）という表現が出てきます。ア→イは、抽象化の過程です。普遍化しているとも言えます。人間は（ア）という動作はしませんが、（イ）という感情は共有できます。（ア）という犬特有の動作が、（イ）という表現によって抽象化され、普遍化されるわけです。

【問四】　この時、この犬（ボク・ワタシ）は、岡崎さん（愛ちゃん）に対して何と言っていると考えられますか。実際に語りかけてみましょう。

どのような言葉が浮かびましたか。一生懸命にしっぽを振る犬の気持ちを代弁してみましょう。まず「遊べた」時の（イ）という気持ちを伝え、次に「遊べた」という具体的な体験を抽象化させ、より本質的なことを表現してみましょう。さらに、岡崎さんに対してだけでなく、人間全体に対して呼びかけるとしたら、どのようなことを語ってくれるでしょうか。

私たちは、普段の生活の中にある本質的なことをあまり意識していません。愛犬が遠くまでディスクを追いかけ、喜んでくわえて帰ってくる、その喜びの本質はどこにあったのでしょうか。言葉は通じなくても心が通じ合う関係性がその本質だったのではないでしょうか。そして岡崎さんは、喜びが心に響き合うような命の交流ができたという「至高経験」を経たことで、より普遍的な命のつながりの中での自己の存在を確認し、「真の自己」を求めて「自己実現」する存在になっていったのではないでしょうか。

3

第三章

自己実現を促すもの

教育とは　まり子さんに教わった

元中学校教員　藤原孝弘（東京都　66）

肢体不自由児の養護施設「ねむの木学園」を設立した宮城まり子さんが亡くなられた。本当に残念だ。40年ほど前、教員を志していた学生時代、ゼミの仲間とねむの木学園に見学に行った。まり子さんの音楽の授業はすさまじいものだった。

障害のある身体のリハビリも兼ねて、楽器をたたかせたり、踊らせたりしようとまり子さんがリードするのだが、全身から「あなたたちはそのままで素晴らしい」「私はあなたたちを心の底から愛している」という思いがほとばしる。その心に応えて生徒さんたちが動かない身体を必死に動かそうとする。少しでも出来ると、全身で喜びを爆発させる。

見ていた僕らは泣けて泣けて仕方がなかった。人が人を信じ、愛することのすごさと、それは必ず相手に伝わるという絶対の信頼とを教えて頂いたのだと思う。

今、生徒のパソコンなどを充実させることが良い教育という風潮が強まっていると感じる。だが、教育として一番大切なのは、一人の人から一人の人へと伝わるということだ。そのことを教えて下さったまり子さん、本当にありがとうございました。あなたは本当に聖なる方でした。

（朝日新聞　声　2020年3月27日）

【問二】　「教育として一番大切なのは、一人の人から一人の人へと伝わるということ」とありますが、何を伝えることが大切だと考えられますか。

表現のヒント　**「あなたたちはそのままで素晴らしい」「私はあなたたちを心の底から愛している」という言葉を抽象化して、「人間は〜」と表現してみましょう。**

ここで表現した内容と、第二章の【問四】の内容とを比べてみてください。愛犬が一生懸命にしっぽを振って伝えたかったことと、まり子さんが伝えたかったことは同じではないでしょうか。人間が「自己実現」していくためには、自己の存在が無条件で認められ、命全体が愛情によって包まれて、「宇宙の一部である」と感じられるような「至高経験」が必要なのです。そして、まり子さんの思いに応えた生徒たちが、必死に音楽や踊りを表現しようとし、喜びを爆発させます。「自己実現」の瞬間です。

ここで藤原さんが、「一人の人から一人の人へと伝わる」というところに教育の本質を置いていることに、着目してほしいと思います。このような一対一の関係を考える時、私はいつも哲学者マルティン・ブーバーの『我と汝・対話』（植田重雄訳、岩波文庫、一九七九年）という本を思い出します。この本の中でブーバーは、〈われ―なんじ〉の関係と〈われ―それ〉の関係を区別して、〈われ―なんじ〉は全存在をかけて向かい合う関係、〈われ―それ〉は主体と客体に分かれた関係、と定義しました。そして、デカルト以来、「われ」が「それ」を客観的に解明していくことによって西洋文明が発達してきたけれども、「それ」のみで生きるものは「真の人間」ではない、とブーバーは言います。

これを教育について当てはめてみると、客観的な知識を教えることは「それ」の世界であり、それだけでは「真の人間」を育てることはできない、ということになります。「あなたは大切な存在である」「あなたらしく生きていってほしい」という思いで向き合うことによって〈われ―なんじ〉の関係をつくることができるのではないでしょうか。

「自己実現」は、憲法の「基本的人権の享有」（第一一条）や「個人の尊重、生命・自由・幸福追求の権利の尊重」（第一三条）を根拠に考えることができます。そして、この権利を、抽象的権利から具体的権利として保障するために、一人一人を支援し、また支援しやすい法制度を整備していくことになります。そして、一人一人と出会い、それぞれの「自己実現」を模索していく時に〈われ―なんじ〉の関係が重要になるのです。

特に福祉や教育という分野では、一人の人間として一人の人間をどのように支援していくか、育てていくかが問われています。「全存在」をもって感動することもあれば、後悔することもあります。そうやって〈われ―なんじ〉の関係になろうと試行錯誤しながら生きていくことが、〈われ―なんじ〉の双方にとっての「自己実現」につながっていくのではないかと思います。

学生の成長　問い続けた

関西学院大学アメリカンフットボール部　元監督　鳥内秀晃

今季限りでの退任を表明している関学大の鳥内秀晃監督（61）は、自身の甲子園ラストゲームで、12

度目の大学王者に導いた。

「この一瞬のためにやってきてんねん。よかったなあ」。試合後、鳥内監督は学生たちにねぎらいの言葉をかけた。笑顔で集合写真に納まり、「目標を達成した学生たちの姿を見たくて1年間（指導を）やっている。私も報われた」。1992年の就任時から人間教育を核にチームづくりに奔走してきた監督らしい言葉だった。

関学大では上級生が良き先輩として、下級生たちを指導。高い自覚が求められる上級生に監督は、惜しげなく助言を与えてきた。その機会の一つが個人面談だ。毎年、新チームが発足する年明けに監督が最上級生と1対1で向き合う。「お前はチームのために何をするんや」と問いかける。会話は録音。学生と約束事を作って行動に責任を伴わせる。「指導者は、勝ちたいという学生の思いを手助けするんが役割」

そんな監督も、辞任を考えたことがあった。2003年の夏合宿中に部員の1人が急死。責任をとるべきだという声が部内から出た。一時チームを離れ、安全を最優先する指導方針をまとめあげた。「指導者としての後悔がある。命の尊さを改めて教えられ、選手への向き合い方、指導は変わった」と話す。「根性練」で精神的に追い込むなど、アメフト界の古い価値観を一掃した。

昨春、関学大の部員が被害者になった日大の悪質タックル問題が起きた時、記者会見で言った。「上からの厳しい指導では子どもたちは意見が言えない。個性をのばすことはできない」。今も毎月、合宿中に亡くなった部員宅を訪れ遺影に手を合わせる。学生を成長させられているか、自らに問う。

「フットボールを使って人間的成長を助けてあげているだけ。社会で役立つ人間を育ててきた」。1千人以上の学生と向き合い続けてきた自負がのぞく。

退任後は「ちょっと休憩。次は高校野球の監督でもやろかな」。フィールドではこわもての教育者、でも中身は冗談好きの「オッサン」。この日も次の社会人王者との対戦に向けて、「これでやっと終わるわ。やっとほっとできるわ」とギャグを振りまく鳥内節も魅力の一つだった。

（榊原一生）

（朝日新聞「人間教育28年 鳥内監督有終V」２０１９年12月16日）

【問二】 鳥内監督の指導が変わったきっかけは何でしたか。また、指導はどのように変わりましたか。空欄に適する言葉を文中から抜き出して、答えてみましょう。

選手を精神的に追い込み、上から厳しく押さえつけるような指導から、選手の（　ア　）をのばし、それによって（　イ　）を強くするのだという自覚を促し、将来は（　ウ　）に役立つ人間になることを目指した指導に変わった。

表現のヒント　文意を正確に理解して、言葉を補いましょう。

鳥内監督の指導を根本的に変えた出来事がありました。それは人間の命のかけがえのなさを思い知らされる出来事でした。その衝撃が、「全存在」を駆けめぐり、監督の視点を（　ア　）に向かわせたのです。（　ア　）をのばすことは「自己実現」を促すことです。一人一人が成長し、生きる喜びを感じること、そのために人は生まれてきたのです。厳しい練習によって成長することはできます。しかし、そこで生きる喜びが感じられなければ、命そのものは育っていかないのではないでしょうか。練習の意味と学生一人一人の存在の意味をつないでいけば、どの学生も生き生きとよみがえってくることでしょう。ただし、それは手作業です。一人一人、どこに結び目を付ければよいかを見極めなければならないからです。だから、〈われ―なんじ〉の関係が必要なのです。一人の人間を「個人」として認め、その存在の意味を確認し、心から応援することが必要なのです。鳥内監督は、最上級生と個人面談をして「1対1で向き合う」ことをしています。チームメイト同士でこの関係を築くことも大切ですが、それを学生まかせにせず、監督自身が全員と向き合うことによって、全員に〈われ―なんじ〉の関係を保証することができます。ここで一人も漏らすことはできないのです。一人を失った経験がそうさせるのでしょう。失った一人の命を大切に思うことは、すべての命を大切に思うことにつながります。〈個↕普遍〉の関係です。そして、その一人一人の力で（　イ　）を強くしていくのです。この、（ア→イ）とつなげる部分は、文脈から判断するところです。

チームだけでなく、様々な組織、社会全体をつくり上げる時、「上から」と「下から」のベクトルがあります。「上から」は、主に権力によって統制する時に使う表現です。「下から」は、一人一人の意見を取り入れて個人の力を集結させる時に使います。文章を読む時、「上から」なのか「下から」なのかを大まかに捉えて、その流れの中で解釈し、言葉を補いながら表現していくことが大切です。

そして、（　ア　）をのばす指導というのは、本人に自分の特性に気づかせることでもあります。「あなたには、こんな良いところがある。それを（　イ　）の力にしていくためにはどうしたらよいか」と一緒に考えるのです。ここには、私たちが目指す福祉社会、誰もが自己実現できるような「自己実現社会」を考える上でも重要なヒントが含まれています。

個人として精一杯生きることが、その組織全体の力となり、社会全体の力になります。そこにも〈個⇔普遍〉の関係を見出すことができます。

この視点から、次に「自己実現社会」について考えていきましょう。

4

第四章

自己実現社会

運動苦手だった私の救世主

中学校教員　西村史《ふみ》（大阪府　56）

運動が苦手な高3の息子が学校から帰宅後、ため息交じりに「バスケットボールの試合で僕にボールが回ってこない。得点源になれないからだろうな」と言った。それを聞き思い出した。

私も運動が苦手だった。だが中学2年のとき、同じクラスで運動神経抜群の女子生徒が救世主になった。ドッジボールで同じチームになると、狙われる私の前でボールを受け止めてくれた。バスケの試合では、一人でドリブルシュートができる腕前なのに、いったん私にボールをパスし、ゴール方向に走りながらパスを求めた。ボールに触れるチャンスをくれたのだ。

数年前、同窓会でこの出来事を感謝の思いとともに彼女に話すと、「そんなことあった?」と笑った。救世主だった少女は、笑顔が素敵な大人になっていた。

息子よ。己の得意とすることで、人の心に花を咲かせる人間になるのだ。

（朝日新聞　声　2019年10月4日）

【問一】　運動神経抜群の女子生徒は、この時、自己実現していたと考えられます。〈個↕普遍〉の関係に着目して、説明してみましょう。

表現のヒント　この場合の「個」と「普遍」は何か、それぞれ考えてみましょう。

この女子生徒の自己実現を考えた場合、「個」は、女子生徒自身のプレーそのものの高度な技術があると思います。運動が苦手な人をカバーできる運動能力、それが体育の授業で発揮できる最高のパフォーマンスではないでしょうか。

一方、「普遍」はどうでしょうか。一部の選手は、神わざをなすことによって宇宙との一体感を感じるのかもしれませんが、多くの場合は、チームの連係プレーで最高のパフォーマンスができた時や相手と対戦する中で最高のパフォーマンスが引き出された時、スポーツの喜びを感じることができるのではないでしょうか。「ハーイ!」と言ってパスしたボールの先にぱっと花が咲きます。「お願い!」と思って向けた視線が絆になり、「どうだ!」と打った瞬間に命がはじけます。

このように、その場面でできる可能な限りの、自分の最高のプレーを追求していくと、スポーツの喜びを感じ、生きる喜びを感じることができます。それが〈個↕普遍〉の関係を表していると言えるのではないでしょうか。そして、それが自己実現につながるのです。

【問二】　あなたは、「己の得意とすることで、人の心に花を咲かせる」という経験をしたり、されたりしたことはありますか。それについて書いてみましょう。

表現のヒント　あなたにしかできなかったこと、その人にしかできなかったことを明確にして書いてみましょう。

「自己実現」というと、みんな自分のことばかり考えるようになって、社会の秩序が保たれなくなるのではないかと心配する人もいます。しかし、これまで述べてきた通り、自己と普遍はつながるものです。本当の意味で自己実現する人が増えれば、人間の普遍性や全体性を考える人も増えると考えられます。そうやって、一人一人が自己実現を目指していくことによって、新しい「自己実現社会」を構築していくことができるのではないでしょうか。

気の利く「駅員さん」に感謝

舞台俳優　吉岡紗矢（東京都　43）

先日の夕刻、高齢の先生と一緒に電車を待っていた。先生がステッキを突きながら混み合う車内に足を踏み入れた途端、「足の不自由な方がご乗車されました。席をお譲りくださいますようお願い致します」というアナウンスが入った。

近くの優先席の方々が立ち上がって下さり、先生は着席し、何人かの方は再び座られた。場が少し落ち着いた後、「あれ？　駅員さんが乗っていたのかな？」と不思議に思った人たちがきょろきょろし始めた。

「次は○○です」「ドアが閉まりまーす」。ドアにへばりつくようにして「アナウンス」している私服の男性がいた。この人だったのか！　知らない者同士が顔を見合わせ、クスクス笑ってしまった。

なんて気の利く「駅員さん」なのでしょう。電車は人と人が助け合う場。鉄道好きの彼が大切にしているものがわかった気がした。

（朝日新聞　声　2019年10月26日）

【問三】　この場面では、この「駅員さん」によって、本来あるべき社会の姿が二つ明らかになりました。どのようなことですか。

表現のヒント　この「駅員さん」の言動があった場合となかった場合を比べて、この「駅員さん」の存在の意味について考えてみましょう。

この電車の中に、この「駅員さん」がいなかったらどうだったでしょうか。足の不自由な高齢者が乗車してきても、誰も気づかなかったかもしれません。「駅員さん」がいち早く気づいて呼びかけたので、足の不自由な高齢者を助けることができました。

そして、この「駅員さん」が本物の駅員ではないということを知った乗客はどうだったでしょうか。「知らない者同士が顔を見合わせ、クスクス笑ってしまった」とあります。もし、この「駅員さん」がいなかったら、お互いに笑顔になることはなかったでしょう。普段の乗客はみんな忙しそうで、不機嫌で、他人に無関心です。しかしこの「駅員さん」の言動をきっかけに、その場に居合わせただけの乗客同士が心を通わせることができました。もともと乗客の心の中には、お互いに共感し合える豊かな人間性を宿していたのです。

その人間性を、もっと前面に出すことはできないでしょうか。普段の生活の中で、もっといたわり合い、助け合うことはできないでしょうか。それが自己実現社会であり、福祉社会につながっていくのではないでしょうか。そして、そのための第一歩は「得意なこと」「好きなこと」から始めるということではないでしょうか。「得意なこと」「好きなこと」であればそのことの本質を直観的に見抜き、自分で判断して行動することができます。本来どうあるべきかを考えることができます。どうすれば楽しくなるのか、他人を助けられるか、どうすればよりよく生きられるか、よりよい社会になるのか、次々とアイディアが浮かぶことでしょう。それはおそらく、あなたにしかできないことです。そのような一人一人の自律的な動きが連動して、社会は形成されていくのではないでしょうか。

❖

前述した「人間性心理学」では、社会の中で抑圧されている人が本来の自分を取り戻すことによって心理的苦悩を軽減させることができると考え、そのための心理療法が行われています。このような考え方を多くの人が共有し、社会の中で一人一人が抑圧されないような、いつからでも何度でも自己実現を目指せるような、そんな社会をつくっていかなければいけないと思います。

5

第五章

自己と他者

四球の1球　今に生きる

この試合で球審だった桂は、のちに広陵の野村と電話で話をしたことがある。野村が明大4年生の初冬。ドラフト会議で広島から1位指名を受けてすぐのころだ。明大OBの審判仲間から電話がかかってきて、「桂さんと話したいという男がいる」という。代わって出てきたのが野村だった。

八回の押し出し四球の話題になった。「野村、どや、お前はあのボールをどう思うとんや」。桂は関大出身だ。「はい、あれはストライクです」といわれ、「そんでええねん。おれは死ぬまでボールやというからな」と返した、という。「野球はそういうもんや」といった話をしたと記憶している。

翌年の選抜大会のとき、その審判仲間を通じ、野村からサイン色紙が届いた。それを受け取って、桂は感じた。野村は野球をやる上でかけがえのないものを学んだと思ってくれているに違いない、と。「審判をやっててよかった。選手がどう思い、どう歩んでくれるか。それが大切やと思う」

1球に泣き、勝負のからさを味わった野村は「人間として成長させてくれたところですね、甲子園は」と振り返っている。東京六大学では史上7人目の30勝300奪三振を達成。文句なしの実績でプロへの扉を開いたのだった。

（あの夏2007年　決勝　佐賀北×広陵　朝日新聞　2018年5月25日）

【問一】　「選手がどう思い、どう歩んでくれるか。それが大切」とありますが、実際に、野村選手はどうだったでしょうか。

表現のヒント　「それでも」という接続詞を使って書いてみましょう。

一人一人が「自己実現」を目指し、「自己実現社会」をつくり上げていく中で、自己と他者がぶつかり合うこともあります。

投手は「ストライク」だと言い、審判は「ボール」だと言います。渾身の力を込めて、「ストライク」と信じて投げた一球が「ボール」と判定され、それがきっかけで試合も負けてしまったら、絶望的な気持ちになってしまうかもしれません。真っ暗なトンネルの中に入ったような気持ちになってしまうかもしれません。それでもよく見ると、かすかな光が差し込んでいることに気がつくはずです。

高校野球は終わってしまっても、大学で野球を続けて自分の「ストライク」を証明する道もあります。野球以外の道で、その道の「ストライク」を探していくこともできます。あの時の「ストライク」は認めてもらえなかった。それでも野球が好きだ、自分の人生をあきらめることもない、そんな思いを「それでも」という接続詞がくみ取ってくれます。

「それでも」という接続詞には、不思議な力を感じます。自分の道を切り開いていこうとする力強さを感じます。今の状況や相手の言い分を受け止めた上で、たとえそうであったとしても、自分の考えを言わずにはいられない思い、真実を追求せずにはいられない思いが伝わってくる言葉です。

この「それでも」という言葉の重みを最も強く表現しているのが、「それでも人生にイエスと言おう」ではないでしょうか。これは、第二次世界大戦中、ユダヤ人の強制収容所に囚われていた人たちがつくった歌の一節です。実際にこの歌を歌った人たちの一部は、過酷な状況を乗り越えて生きて帰ることができたのです。

精神科医V・フランクル（一九〇五年〜一九九七年）も、強制収容所からの生還者の一人でした。フランクルは、収容所の中で、自分がウィーンの市民大学で「強制収容所の心理学」という題で講演している姿を想像し、草案を練ることによって絶望的な状況に耐えていました。そして本当に終戦翌年に、ウィーン市民大学での講演を実現させるのです。そこで次のように語ります。

> 人間はあらゆることにもかかわらず――困窮と死にもかかわらず、身体的心理的な病気の苦悩にもかかわらず、また強制収容所の運命の下にあったとしても――人生にイエスと言うことができるのです。
>
> （山田邦男訳『それでも人生にイエスと言う』春秋社、一九九三年）

戦争も迫害もあってはならないことです。しかしそれが現実としてあった場合、それが解決するまで自分の人生を中止することはできません。だから考えるのです。なぜ人間はこんなことを行うことができるのか、このような状態で人間の精神はどう変化するのだろうか、このようなことが二度と起こらないようにするにはどうしたらよいだろうか、と考え続けることが人生に意味を与え、人生を肯定することになるのです。つまり、人間の未来を信じ、自分の未来を信じ、希望を持つということなのです。

人間が、あらゆる困難から解放されるということはないでしょう。だから、「それでも」なのです。あらゆることにもかかわらず、「それでも人生にイエスと言おう」。心の奥で大切にしておきたい言葉です。

◆

自分と相手が違う判断をした時、「それでも」自分の考えを追求していくこともありますが、「ああ、そういう視点もあるのだな」と納得させられることも少なくありません。自分の気づかなかった視点を教えられる貴重な場面です。

◆

ブラックばやりの風潮に懸念

大学講師　川口真理子（米国　44）

アメリカから日本に里帰りし、「ブラック○○」「ホワイト○○」という言葉が気になった。日本人の私とアフリカ系アメリカ人の夫の間には4歳の娘がいる。アメリカでは人種により個人を判断したりしてはいけないという意識がある。例えば、娘の幼稚園に迎えに行った時のこと。娘が園庭で一緒に遊んでいた子供のことを話す。「その子はどの子?」と尋ねると、娘は「青いジャケットを着ている子」と言う。園庭には白人が多く、「黒人の子」と言った方がずっとはやくその子を見つけられるのに。人種に関することを言うのは慎重に、という考えは、４歳の子供にも浸透している。
一方日本では「ブラック企業」など多くの造語がある。娘と行ったクリスマス会で、日本の幼稚園児がふざけて「ブラックサンタ、ホワイトサンタ」を作っていて危惧を覚えた。「ブラック○○」ははやりの言葉かもしれないが、「ブラック＝悪」という意識を人々に植え付けてはいないか。色とは関係のない表現をお願いしたい。

（朝日新聞　声　２０１９年12月26日）

【問二】　園庭で遊んでいた子を「黒人の子」と言わないのはなぜですか。次の空欄に文中の言葉を抜き出して答えましょう。

アメリカでは（　ア　）を（　イ　）で判断してはいけないという意識があるから。

表現のヒント　　新しい気づきを、正確に表現してみましょう。

第二章でも学びましたが、アメリカには差別の歴史があり、それを乗り越えようとしてきた歴史があります。少しでもその努力を怠れば、たちまち分断が広がってしまいます。そのことを私たちはもっと学ぶ必要があります。日本ではあまり意識されていないこの一文を、しっかり頭に入れておきましょう。日本では、区別する必要のない場面でも、日本人か外国人かを区別してしまうことが多いのではないでしょうか。そもそも、日本人でも一人一人が異なる存在です。日本人と外国人だから異なるわけではないのです。

しかし例えば「黒人の子」と表現した時、その子をまず（　イ　）で判断したことになります。（　イ　）の区別ではなく、その人（　ア　）を見なければいけないのです。差別意識がなくても、「黒人」であることを先に認識した時点で、先入観があったのではないかと常に自問する姿勢が求められるのです。そうすることで、一人一人を異なる（　ア　）として尊重する意識が広がっていくのでしょう。一人の人間をまっさらな（　ア　）として見ることは意外に難しいので、常に先入観を持っていないかと考えていくことが必要になります。そして常に、今の状況に適応できるように自分の価値観を見直し、更新していかなければいけないのです。

不満言った男性はその後…

主婦　林田静子（福岡県　73）

1月の寒い日にバスを利用したときのことです。後から乗ってきた男の人がバスが時間通りに来なかったと、若い運転手さんに怒って不満を言いました。

運転手さんは「すみません。道が混んでいまして」と申し訳なさそうに謝っていました。男の人は運転席のすぐ近くにブスッとした表情で座っていて、運転手さんに何か言い返すのではないかと、私はハラハラしていました。

でも、男の人は目的地で降りる時、こう言ったのです。「声を荒らげてすまんやったね。あんたも一生懸命働いているのに」と。降りた後バスを見送る男の人の姿が車内から見えました。

こんなふうに自分を振り返り、相手を思いやる言葉を伝えられる人っていいですね。きっと、目的地に着くまでの間に、いろいろと考えたのでしょう。私の心もその日は一日、何となく温かかったです。

（朝日新聞　声　2020年2月18日）

【問三】　この出来事をもとに、社会に提言し、呼びかける文章を書いてみましょう。

表現のヒント　この出来事のどこに着目したのかを明らかにして、様々な社会現象につなげて、自分の意見を書いてみましょう。

この投書には二つの要素があります。一つはバスの乗客が声を荒らげて不満を言ったこと、もう一つはその男性がバスを降りる時に謝ったことです。林田さんは、後者を主なテーマにしています。前者は珍しくないことですが、後者は珍しいことだからです。

「自分を振り返り、相手を思いやる言葉を伝えられる人っていいですね」と書いていますが、その背景には、そういう人はなかなかいないという現実があるのです。そこから、様々な社会現象とつなげていけそうです。家庭や学校、職場では様々な問題があり、さらに社会の分断や政治不信など、負の連鎖や怒りの連鎖、偽りの連鎖を断ち切れない状況が散見されます。もっと早く立ち止まって自分の非を認めていたならば、違っていたのではないでしょうか。誰かが勇気を持ってその流れを止めてくれていたら、別の流れが生まれていたのではないでしょうか。そんな社会現象を一つ挙げて、あなたの提言としてまとめてみましょう。

次に、もう一つの要素について考えてみましょう。男性が声を荒らげて不満を言ったことについてです。ここには二つの問題がありそうです。一つはイライラした感情に任せて相手を攻撃するような言い方をしたことです。不満を言う時には、具体的な根拠を示して、冷静に、改善策を示すなど建設的な意見として相手に伝えることが大切です。

しかし日本では、自分の意見を表明することを苦手とする人が多いのではないでしょうか。普段から自分の意見を言わないから、いざとなると力が入りすぎて攻撃的な言い方になってしまうこともあるのかもしれません。また、日常的に個人を尊重するという雰囲気がないから、意見を言い出しづらいのかもしれません。そこから生じる社会現象を一つ挙げて、あなたの提言をまとめることができます。

そしてもう一つの問題は、バスの乗客と運転手という関係性からくる問題です。そもそも人間は平等で、乗客の方が人間的に偉いわけではありません。それなのに横柄な態度をとる乗客がいることも事実です。もちろん乗客は支払った金額に見合うサービスを受ける権利がありますが、運転手には安全にバスを運行する責任があります。消費者としての要求が強くなりすぎて、安全な運行が妨げられることがあってはいけません。環境問題や働き方の問題など、消費者の要求を優先しすぎたことが様々な社会問題につながっているのではないかという視点から、あなたの提言をまとめることもできます。

ところで、バスで不満を言った男性は最初の発言は失敗してしまったものの、二回目の発言は見事に成功しています。最初の発言を反省して謝罪し、相手の立場を尊重してねぎらうような発言をしています。人間は何歳になっても成長できるのです。失敗したり、試行錯誤しながら生きていく人間らしさを感じさせてくれる出来事でした。林田さんも、「人間っていいな」と人間への信頼を呼び起こしてくれるようなこの出来事を投稿せずにはいられなかったのだと思います。

人間は誰でも不完全なところを持っています。その不完全さも含めて「苦しみや挫折感をもつ弱い人間」として、人権が保障されています。しかしそこに安心してとどまるのではなく、自分の不完全さと向き合い、また相手の不完全さと折り合いをつけながら生きていくのです。そこに見出される人間性を心にとめていくことで、私たちの「人権感覚」は磨かれていくのではないでしょうか。

私たちは、一人一人が「自己」であり「他者」となります。「他者」との関係の中で「自己」を知り「他者」を尊重しながら「自己」を大切に育てていくのです。

では次に、他人ではない「他者」として、共同生活を営む「家族」について考えてみましょう。

第六章

個人・家族・社会

子どもを怒鳴り通報されたが…

パート　庄司奈美（東京都　47）

小2の息子を怒鳴っていたら通報された。私は息子を叱ると、声が大きくなり言葉も荒くなるのだ。ピンポーン。玄関には私の母親世代の女性2人。子ども家庭支援センターの人たちだ。大変なことをした。私捕まる？　だが2人の優しそうな様子に安心し、叱った過程を話した。責める空気はなかった。「大変でしたね､お母さん。よく頑張ってるね」。その言葉に涙があふれた。赤ちゃんの時からかんしゃくがある子だった。仕事で不在がちな夫､遠方の親。「誰か助けて」といつも思っていた。息子はこわばった笑顔でじっと見ていた。

後日、センターで改めて話を聞いてもらい、今月から子育て講座に参加する。もっと早く相談すれば……。だが「ダメな母親と思われる」「指導に対し私が改善しなかったら、こんな母親のもとではダメだと子どもを連れていかれる」。そう思っていた。まだその懸念はある。だけど頼れるものは頼りたい。今は「見守っていてくれる」という安心感がある。周囲に助けてもらいながら、自分を見つめ直し親として人として成長したい。子育て8年目、どうぞよろしくお願い致します。

（朝日新聞　声　2019年11月3日）

【問一】　庄司さんが、子育てについて相談できなかったのはなぜですか。

「　ア　」と、自分が（　イ　）されると思ったから。

また、子ども家庭支援センターの人たちに、庄司さんが心を開いたのはなぜですか。

「　ウ　」と、自分を（　エ　）てもらったから。

ア、ウ　は本文から抜き出し、次にそれらを抽象化した言葉を考えて、イ、エ　に入れてみましょう。さらに、イ、エ　を使って、母親を支援する場合に大切なことをまとめてみましょう。

表現のヒント　具体的な言葉を抽象的な言葉に置き換えて、本質的な内容を導き出してみましょう。

家族の中でも、適切に表現して相手に伝えるということは難しいものです。庄司さんは息子への言葉が攻撃的になりがちで、子育てに悩んでいましたが相談できませんでした。その理由を分析していきます。相談すると「　ア　」と思われると思い込んでいたのです。しかし実際は、「　ウ　」と言われました。現実として「　ア　」ではなく「　ウ　」だったわけですから、「　ウ　」の自分から出発すればよいということに気がついたのです。いったい誰が「　ア　」と言ったのでしょうか。実際は誰も言っていない。それなのに、そう思われているのではないかと思い込んでしまう。そして、子育ては自分の責任だと思い込んで一人で悩みを抱えている母親が多いのです。その思い込みを捨てて、「　ウ　」の状況から歩き始めようとしているところが、本当に素晴らしいと思います。

また、「遠方の親」とありますが、一般的に、実家が近くにあると子育てがしやすくなります。日本では、里帰り出産から始まって、祖父母が全面的に子育てに協力する場合も少なくありません。それが前提で子育てが成立しているような雰囲気を感じることもあります。そのことが、男性の働き方にも影響を与えているのではないでしょうか。男性の育児休業が法律で認められているにもかかわらず、取得率が数パーセントにとどまっているのは、育児は女性（母親や祖母）がなんとかするもの、という意識を払拭できていないからではないでしょうか。だからこそ、実家も遠く夫も仕事で不在がちな庄司さんの声に耳を傾ける必要があるのです。

子どもには家族の愛情が不可欠です。だからこそ、家族本来の愛情を表現できるような環境を整えていく必要があります。序章で言及した「スウェーデンモデル」で、「社会の真ん中に個人を位置づけ」るということは、社会の真ん中に子どもを置くだけでなく、母親も父親も置いて、それぞれが家族の愛情を実感できるような制度を実質的に有効なものにしていくということなのです。家族の愛情が大切だからこそ、「家族的構成」であってはいけないのです。

制度の力　今こそ頼るべきだ

会社員　福永法子（大阪府　47）

新型コロナウイルスの影響で、失職や収入減に直面している人がいます。一律10万円の給付だけでは苦しい人も多いはずです。公的な支援制度を使って、乗り切ってください。

生活に困った人に融資する「緊急小口資金」と「総合支援資金」のように、コロナ対策で無利子・保証人なしなど条件が緩和されたものもあります。他にも、住まいを失わないための住居確保給付金や最後の安全網といわれる生活保護もあります。

安易に消費者金融に走らないでください。命を守るため自分で調べて、相談しましょう。「助けて！」って叫んでください。

しかし、情報を得るのが難しい人もいます。スマホやパソコンを使いこなし、小さな文字を読んで理解し、自分が該当するものを考え、書類を書く。これが困難な人もいます。だから制度を知る人は、必要な人に手を差し伸べて欲しいです。

私は子供2人を抱えて生活に行き詰まったとき、職業訓練を受けながら生活費を支給される制度にお世話になり、生き延びました。公的な制度の力を借りることは恥ずかしいことではありません。必要な人は今こそ頼るべきです。

（朝日新聞　声　2020年5月1日）

【問二】　「子供2人を抱えて生活に行き詰まった」のはなぜだと考えられますか。

表現のヒント　構造的要因について考えてみましょう。

生活に行き詰まる要因は様々です。主な原因が個人の責任に帰する場合もありますが、社会のしくみそのものに原因がある場合が多くあります。特に母子世帯の貧困については、日本の社会のしくみ、その構造から必然的に生じる場合がほとんどではないでしょうか。

まず、女性が結婚や出産を機に退職するケースは、いまだに珍しいことではありません。産休や育休があっても、実際に仕事と育児を両立するのは困難なことが多いからです。

また、離婚をする場合、日本では裁判所を介さない協議離婚が主流なので、子どもの養育費についての取り決めをしないままに母子世帯になるケースが多いのです。

さらに、男女の賃金格差や不安定な雇用形態が追いうちをかけます。

このような社会的要因によって必然的に起こってくる母子世帯の問題に対して、様々な社会的支援があります。しかしそれは「恥ずかしいことではありません」と福永さんが書いているように、そう励まさなければいけないほど、抵抗を感じている人が多いのではないでしょうか。または勇気を持って相談に行っても、プライドを傷つけられたり、手続きの煩雑さを乗り越えるだけの気力が残っていないという場合も多いのではないでしょうか。

このような状況から考えても、日本では、社会の真ん中に一人の女性を位置づけて、安心して自分の人生を送れるようにと、持続的に支援していくという態勢が不十分なのではないかと考えられます。

夫婦別姓が認められていない今の日本では、ほとんどの場合、女性が夫の姓に変更し、夫が戸籍の筆頭者となり世帯主になります。そしてそこから離れた時、女性は突然自立を強いられます。このような明らかに女性に不利な制度によって、女性が一人、または子どもを抱えて社会に放り出された時はどのような状況だったでしょうか。福永さんの投稿を読むと、その時の状況が目に浮かびます。そして、女性に限らず、そのように社会に放り出された人たちへの励ましのメッセージが、痛いほどに心に響いてきます。福永さんが、自分が乗り越えた後も、なお、この問題について考え続け、今、苦境にある人に対して「あなたのことを考え、心配している」というメッセージを送っていることが、多くの人の心に届いたのではないでしょうか。

「家」は、本来的には「個人」を守るはずなのに、いったん「家」に入ってしまうと「家」を守ることが優先されて、「個人」が守られなくなってしまうこともあります。だから、最初から「個人」として生きていけるような制度や人々の意識をつくっていくことが必要なのです。「家」に入ったり出たりせず、「個人」の生き方を持続させながら仕事も子育てもしていく、それが可能な社会をつくっていくという視点が大切なのです。日本の「家族的構成」から脱却して、国全体が「家」となり、国民一人一人を「個人」として守っていくというシステムへ移行していくことが必要ではないでしょうか。

✵

人生の魅力体現　ラグビー選手

特別支援学校教員　塚本健（東京都　55）

盛り上がったラグビー・ワールドカップ。ラグビーの魅力は何なのか。「倒れても起き上がり前に進む」「仲間と力を合わせる」「逆境をはね返す」。人生の教訓とも魅力とも感じられる言葉を、防具もつけず体一つで具現化している選手たちに感動したのではないか。

バーチャルリアリティーがはやる昨今。私たちは実感を伴った喜びや痛みを感じづらくなっているのでは。「家族を守る」と理屈では思って仕事を頑張っているけれど、ラグビー選手のように体をはって守っている実感もない。手先や頭だけ動かし、ストレスという相手と戦っているという人も少なくないはずだ。そんな時代だからこそ、愚直にプレーする選手に、にわかファンたちが拍手を送ったのではないか。来年1月開幕の国内リーグ戦には「にわか」の文字を外して、応援したいと思う。

（朝日新聞　声　2019年11月9日）

【問三】　「家族を守る」ということを、文字通りに「体をはって」行うとしたら、具体的にどのようなことが考えられますか。

表現のヒント　「家族を守る」を、ラグビー選手の守る姿から、類推してみましょう。

「体をはって」とは、自分の身の危険もかえりみず外敵に立ち向かうということです。ラグビー選手は、文字通りに（実際は、ルールに則って怪我をしない方法で）、それを行っているわけです。ではそこから、「家族を守る」ということについて類推してみましょう。「類推」とは、一つの事象をわかりやすい例として示し、類似する他の事象に当てはめて説明することです。ここでは「ラグビー選手の守る姿」をわかりやすい例として示し、「家族を守る」ことについて説明してみましょう。

まず、文字通りに「体をはって」行う場合です。家族に何か危険が迫っている時、例えば強盗が押し入ってきた時や嵐で家が吹き飛ばされそうな時、ラグビー選手のような人がいたら、文字通り体をはって家族を守ってくれそうです。吹き飛ばされそうな扉を必死で押さえている姿は、ラグビー選手の守る姿と重なります。

しかし、そんなことはめったにありません。だから、塚本さんが言うように、普段は家族のために働いて家族の生活を守っているものの、文字通り「体をはって」家族を守っている実感はないのです。でも時には、体をはって家族を守らなければならないこともあります。次に、実際に体をはって家族を守ったと考えられる例を見ていきたいと思いますが、その前に、体をはって家族を守ることの意味について、もう少し考えてみましょう。

そこからは、「自立した個人として力強く生きていきたい」「全力で家族を守りたい」という二つの思いを読み取ることができます。実はこれがヨーロッパの個人主義の出発点なのです。「家長個人主義」と呼ばれるものです。「家長」というのは封建時代の名残ですが、ヨーロッパの近代個人主義はこの「家長個人主義」から出発したのです。ただしこの時点で、「家長」は「個人」として「国家」から独立しており、「家が公権力からの自由を確保する楯という役割をひきうけた」（樋口陽一・前掲書）というところが重要です。ヨーロッパでは、この「家長個人主義」を経て、国家からの自由を「自由権」として確立して「個人主義」に移行していくわけですが、日本では、「家長個人主義」の過程を歴史的に経験していないのです。つまり、国家と家族の関係があいまいなまま、「家族的構成」を引きずりながら現在に至っているのです。

そう考えると、ラグビー選手の姿から体をはって家族を守るということを連想することは、「家長個人主義」を歴史的に経験していない日本人にとって、とても意味のあることです。「家長」という言葉を「大人」に置き換えて、自立した大人として子どもたちを全力で守っていかなければならない、という自覚を促されているのです。そして現代では女子ラグビーも盛んです。「家長」としての歴史を持たない女性は、直接「個人」の姿と重ねることができます。自立した「個人」として連帯し、様々な困難を突破していく女子ラグビーにも熱い声援を送り、次に、男性も女性もともにスクラムを組んで、力を合わせて「前へ」進んでいく時代をイメージすることができます。

白いスーツで凛と

福岡市　野中陽子　主婦　55歳

その人はとても美しく、ショートカットの髪に白いスーツ姿だった。まさに凛《りん》とした雰囲気だった。

中学校の昼下がりの教室は保護者会が始まろうとしていたが、警察に補導されたA君がそのクラスにいることに関し、迷惑だとか受験に悪影響だとか、私語がうるさかった。

保護者が順々にあいさつをし、やがてその人が立った。

「Aの母です。本当にご迷惑をおかけしています」

みんなの目が一点に集中した。その人は深々とおじぎをした後、母ひとり子ひとりであること、自分が朝から夜まで働いていること、先生と一緒に息子を警察に迎えに行ったことが1度ではないこと、そして本当は母思いの優しい子であることを真剣に話し、また頭を下げて座った。

白いスーツが勇気を際立たせ、息子を守る盾に思えた瞬間だった。同時に、陰口が聞こえなくなった瞬間でもあった。

あれから10年余り経ち、娘からA君は結婚したようだと聞いた。

あの時の彼女の姿を、よく思い出す。親が子を守る覚悟を持ち事実をさらけだすことが状況を変えると、教えてもらった気がする。

（朝日新聞　ひととき　2016年3月19日）

【問四】　A君の母親は、何からA君を守ったのでしょうか。

表現のヒント　ラグビー選手の守る姿から、さらに類推してみましょう。

A君の母親の発言で、「陰口が聞こえなくなった」とあるので、「陰口から息子を守った」と言うこともできます。では「陰口」とは何でしょうか。

陰口とは、噂をもとにした悪口です。「警察に補導された」という噂がもとになって、そういう先入観でA君を見ています。私たちは既に、先入観なくまっさらな「個人」として見ることの大切さを学びました。先入観なくA君について考えてみましょう。A君は確かに補導歴がありますが「母思いの優しい子」という一面もあります。そして、知識も判断力も未熟な中学生です。その子がなんとか成長していけるようにと、母親が必死で守っているのです。

陰口は、実体から離れたところで膨れ上がり、歯止めをかけることが困難な場合があります。誰も本当のことを知らないからです。だからA君の母親のように、事実を伝え、頭を下げるという行為によって陰口を止めることはできます。しかし、「迷惑だとか受験に悪影響だとか」という非難が聞こえてくる中でそれを行うことは、相当勇気のいることです。

他の母親たちが無責任な陰口に興じている中で、どうしてA君の母親だけが勇気を振り絞って、矢面に立たなければいけないのでしょうか。なぜ他の母親たちは、A君の成長のために何が必要か、という視点で考えられないのでしょうか。

そこで比較してみたい事例があります。一九九八年にアメリカのアーカンソー州の中学校で、生徒の銃乱射事件が起きました。この行為自体は決して許されることではありませんが、加害少年の母親の元には全米から励ましの手紙が届いたというのです。「いまあなたの息子さんは一番大切なときなのだから、頻繁に面会に行ってあげてね」「その子のケアに気を取られすぎて、つらい思いをしている兄弟への目配りが手薄にならないように」など、母親が子どもを守ってあげられるようにと励ましているのです。これに対して、日本には、「ニッポン人が集団になったときに発生する力学」としての「世間」があって、加害者の家族がバッシングを受けることが珍しくないというのです。（佐藤直樹『加害者家族バッシング』現代書館、二〇二〇年）

この「世間」の定義に従えば、A君の母親は、「ニッポン人の母親が集団になったときに発生する力学」によって生じた圧力に抵抗して息子を守ったと言えるでしょう。つまり「世間」からA君を守ったのです。それは、「文字通り」ではありませんが、「体をはって」という表現がぴったりするくらい勇気のある行動だったのではないでしょうか。

「世間」に負けない精神力と、子どもの成長のためにどうするべきかを判断できる知性と愛情に突き動かされた言動には、ラグビー選手に匹敵するような強さを感じます。そして何より大切なのは、闘うべきは外敵であって、味方ではないということです。

ラグビー選手は体をはって守っていました。それと同じように、外から吹き付ける激しい風雨から家族を守るために、必死で扉を抑える姿をもう一度思い出して下さい。それが「世間」から家族を守るイメージです。外からの雑音を一時シャットアウトし、子どもの成長にとって何が大切なのかを冷静に考えるためにも、勇気を出して体をはって家族を守ることが必要になることがあるのです。

【問五】　もし、A君の母親が「世間」の一部になっていたらどうでしょうか。どのような言動になるか考えてみましょう。

表現のヒント　表に現れる言動には、その基になっている考え方があることに着目してみましょう。

日本では、家族が「世間」の下請けのように働くことがあります。「世間に笑われる」「世間が許さない」というような表現が使われる場面が、それに当たります。これは、前述した「家長個人主義」を経ずに、社会全体が「家族的構成」を持ち越したままであることを如実に表しています。

もしA君の母親が「世間」の一部になっていたら、「世間に顔向けできない」と言って保護者会に出席しなかったかもしれません。いつも「世間」の力学に従って、他の子の噂話に興じる方の立場であったら、とてもそんな所に行く気にはなれなかったでしょう。または、一般的な「世間」とは違うもっと強力な「世間」を親しい仲間で固めて、批判できないような圧力を出して対抗したかもしれません。なにしろ「世間」は正しいかどうかよりも、力学の法則によって決まるのです。

または、一人で静かに保護者会に出席したとしても、A君の母親が「世間」の一部であったらどうでしょうか。帰宅してからA君に「あなたのせいで、恥をかいた」と言っていたかもしれません。これが、「世間」の下請けになってしまっているということです。本来は、外から吹き付ける風雨に向かって扉を押さえつけなければならないのに、反対に風雨を家の中に呼び込んでしまう言葉なのです。

このように、普段何気なく使っている言葉でも、どのような考え方に基づくものなのかに注意する必要があります。そうしないと、目に見えない圧力に押されて力学の法則に身をゆだねることになってしまうことも多いのです。

社会は個人によって構成され、その中の個人が家族を形成し、社会と関わりながら生活しています。しかし日本では、法的根拠のない「世間」や古い家族制度の名残がまだ残っていて、「個人」というものを見えにくくしています。「個人」の本質がわからなければ、人権も自己実現もあいまいになり、私たち本来の権利を守ることができなくなってしまいます。

法律や制度の中だけでなく、私たちの日常的な生活の中で「個人」の本質を実感し共有できるようにするために、次に、「実存」としての人間の特徴をもう少し詳しく見ていきましょう。たった一つのかけがえのない存在。孤独だからこそ、出会いがあり、連帯できる。「個」だからこそ「普遍」を知ることができる。絶望するから希望を見つける。真の自己を求め、真実を求める。そんな「実存」としての性質、すなわち「実存性」について考えてみましょう。

7

第七章

実存へのまなざし

虫が鳴いてる
いま　ないておかなければ
もう駄目だというふうに鳴いてる
しぜんと
涙をさそはれる

（八木重吉「虫」『貧しき信徒』）

【問一】　虫の音を聴いて、涙が出てきたのはなぜでしょうか。

表現のヒント　作者と虫との関係性に着目してみましょう。

虫の音の美しさをどんなに詳しく説明しても、この詩を解釈したことにはなりません。虫と作者の関係性に着目してみましょう。まず、それぞれの置かれた状況を明らかにして、どのような共通点があるのか考えてみましょう。そして、どのような普遍性が見出されるのか考えてみましょう。

虫は自然の中の一部です。普段、虫の音を聴いている時、私たちは虫一匹ずつの顔を思い浮かべているわけではありません。しかし、虫にも一匹ずつに命があります。一生懸命生きているのです。

一方、作者は一人の人間として生きています。静かに虫の音を聴いていると、一匹の虫の姿が、その顔までくっきりと浮かび上がってきます。ここで関係性が出てきます。作者と虫は一生懸命に生きる命として向き合い、共鳴しているのです。ブーバーの〈われ―なんじ〉の関係とも言えるでしょう。「いまないておかなければ」という言葉は、虫の気持ちを代弁するかたちで作者が虫に語りかけている言葉であり、また逆に、虫から作者に語りかけてくる言葉でもあるのです。

そして、この詩集が出版された一九二八年の前年に、八木重吉は結核によって二九歳の若さで亡くなっている、という事実を踏まえて読んでみるとどうでしょうか。限りある命を精一杯生きようとする詩人の姿と、虫の姿がぴったりと重なります。詩人の切羽詰まった息づかいが虫の音と重なり、「いまないておかなければ」と私たちに訴えかけてくるのです。

私は、「自己実現」ということを考える時、いつもこの詩を思い浮かべます。「今これをやらなければ」「これをやらなければ、自分が自分でなくなる」というような感情が自分の内面から湧き起こってくることがあります。それが「自己実現の欲求」です。そして、「しぜんと涙をさそはれる」という重吉の涙を思う時、私たちもまた、限られた命を生きる一つの「実存」なのだ、ということに改めて気づかされるのです。

広いくさむらで「いまないておかなければ」と限りある命をこの一瞬に注ぎ込んで生きる一匹の「虫」は、この広い世界で一つの「実存」として生きる私たちの存在を象徴的に表していると言えるでしょう。

私たちはこの広い宇宙に放たれた「実存」です。そして、一人一人が限られた命を一生懸命に生き、自己実現を求めていきます。この共通の基盤があるからこそ、私たちは共感することができるのです。

励まし合い、連帯することができるのです。

私たちは、普段の何気ない挨拶やまなざしの中に、「あなたに会えてよかった」「今日も一緒に頑張りましょう」という思いを込めています。そして、誰かが「実存」の危機にある時はより一層強く「あなたは大切な存在である」というメッセージを伝える必要があります。

それを「ロゴテラピー」という精神療法として提唱したのが、第五章でも言及した、V・フランクルです。フランクルは、第二次世界大戦で強制収容所から生還した経験から、人間は「存在の意味」を信じることによって滅亡の危機から免れることができると確信しました。そして、その人が意味ある存在であり、その人本来の生き方へ向けて「世界に開かれている」存在であるという普遍性に気づくことによって、「実存」の危機を乗り越えることができると考えたのです。〈霜山徳爾訳『夜と霧』〈新版〉みすず書房、一九七一年、大沢博訳『意味への意志―ロゴテラピィの基礎と適用』ブレーン出版、一九七九年〉

そうであるならば、私たちが日常的に、お互いの存在を意味のある存在として認め合い、言葉で伝え合っていれば、社会全体が「実存」の危機や不安から免れることができるのではないでしょうか。「実存」から生じる「連帯」を、日常的に実感することができるのではないでしょうか。人間は、存在の「意味」を求め、その「意味」を与えてくれるものが「言葉」なのです。

「虫」という詩を読むことによって、私たちも孤独な「実存」であることを知り、「いまないておかなければ」と鳴く一匹の虫を、その象徴としてイメージすることができました。そして、この「実存」が、お互いに励まし、連帯していく特性を持っていることを学びました。一人の人間を「実存」という存在にまで極めていけば、人間には本来的に人間愛や連帯感が備わっているのだということが確認できるのです。

しかし、私たちは普段、「実存」ということをあまり意識しないで暮らしています。次に、そんな日常の中で「実存」同士がさりげなく寄り添う場面を見ていきましょう。

ウィッグ　いいじゃん

静岡県熱海市　山口智恵子　市臨時職員　54歳

昨年病気をして、髪が抜けてしまった。ウィッグを購入したものの、すぐにはつける勇気が持てず、購入後1カ月半を過ぎてようやくつけて外出した。

周囲の反応は様々だったが、明らかにウィッグと気付いたであろうに何も言ってもらえないと、なんだかひどく落ち込んだ。もちろんそれは、相手の気遣いであることはわかっている。

そんな折、バス停で近所の奥様に出会った。年は私より10くらい上だろうか。彼女は「久しぶりね。髪の雰囲気が変わったんじゃない?」と話しかけてきた。

私が事情を話すと「すごく似合ってるよ。いいじゃん、いいじゃん」と言いながら、私の頭をポンポン触ったりなでたり。さらにはウィッグの価格やお手入れの方法にまで話が及んだ。

彼女の心やすい言葉や行動に、私は穏やかな気持ちになり笑った。年の功って言ったら失礼かな。不意の出来事にあっても動じない余裕。何より彼女の人柄なのだろう。

私はまだまだ未熟で、想定外のことが起きるとオロオロしてしまうけれど、彼女のように誰かの心に寄り添える大人の女性になりたいな。そんなことを思った真夏の午後だった。

（朝日新聞　ひととき　2019年8月22日）

【問二】　近所の年上の女性についての「年の功」や「人柄」という言葉には、どのような意味が込められていると考えられますか。次の空欄に入る言葉を考えてみましょう。

人間は、年を重ねるごとに様々な経験をし、特に（　ア　）も多く経験する。誰もが孤独と向き合い、悩みを抱えながら、それを乗り越えて生きていく存在であることを知っている。近所の年上の女性も、そのことを知っているから、多少のことでは驚かないのだ。だから、山口さんの悩みを自然体で受け止め、（　イ　）という具体的な課題について、一緒に考えてくれている。

山口さんがこの時悩んでいたのは、具体的にはウィッグとどう付き合うかということでした。ウィッグを付けるかどうか1カ月も悩み、付けてみたものの周囲の反応にまた悩んでしまいます。ウィッグを使わなければならない自分と周囲との間に溝を感じ、「実存」の不安を感じていたのではないでしょうか。しかし、この年上の女性が「そもそも、みんな孤独な実存なのよ。一緒に頑張りましょう」というような雰囲気で話したことによって、山口さんの心が穏やかになっていったのではないでしょうか。そしてウィッグの価格や手入れの仕方など、具体的な話をすることは、「自分だったらどうか」「今困っていることはないか」と考えていることがうかがえます。他人ごとではなく自分のことのように、具体的な解決策を探していこうという姿勢を感じます。

【問三】　この投書を踏まえて、「心に寄り添う」ということについての、あなたの考えを書いてみましょう。あなた自身の経験や、他の例も挙げて、考えをまとめてみましょう。

表現のヒント　帰納法と演繹法を意識して書いてみましょう。

まず、この投書を読んで「心に寄り添う」とはどういうことかをまとめてみましょう。山口さんの具体的な体験から、「心に寄り添うとは、……ということだ」（Ａ）という文章をまとめてみましょう。このように、具体的な事例から一つの結論を導き出す方法を「帰納法」と言います。一般的には、複数の事例やデータから帰納していくことが多いのですが、ここでは一つ一つの現象をありのままに読み取り、「なるほどそうだ」と共感する部分を抜き出し、そこから帰納してみましょう。

次に、あなたの経験したことや見聞きしたことを書いてみましょう。最初に書いた（Ａ）の内容を補ったり、深めたりするような具体的な例（Ｂ）です。そうすると今度は、（Ａ）という概念を具体例に当てはめて論じていくという「演繹法」を使ったことになります。

そして最後に、（Ｂ）から導き出された結論として、（Ａ）を補強するような（Ｃ）を全体のまとめとして書くことができます。「このように」などの接続詞で書き始めると、帰納的にまとめていることをより明確に示すことができます。

全体の流れとして、おおよそ次のようにイメージしてから書くとよいでしょう。

投書→A　帰納法
A→B　演繹法
B→C　帰納法

このように、帰納と演繹を繰り返しながら、「誰かの心に寄り添う」ことについて考えを深めることができます。これを〈個↕普遍〉の関係に当てはめてみると、〈個→普遍〉が帰納であり、〈普遍→個〉が演繹だと言うことができます。個別的な経験の中に普遍的な意味を見出し、その視点から改めて日常を見直してみると、様々な個別的問題が見えてきます。

そして、普段何気なくやり過ごしてしまう場面でも、「実存」同士がそっと寄り添えた場面だったと意識することによって、私たちの「実存性」は豊かに育っていくのです。次章で、その過程をもう少し考えていきますが、ここで、帰納法と演繹法について補足をしておきたいと思います。

⁂

帰納法と演繹法は、一七世紀の西洋哲学・自然哲学の中で確立された論理的思考方法です。ベーコンに代表される帰納法は経験論に由来し、デカルトに代表される演繹法は合理論に由来します。仮説を立てて実験・実証し、結論を導くのが帰納法、ある前提から個別の事例について合理的に理論を展開していくのが演繹法です。この二つの論法が、西洋科学の発展と西洋社会の近代化を推し進める原動力になっていたのです。

　このような西洋の帰納と演繹によって発展してやまない主体的な精神に着目し、自国の文化との決定的な違いを感じ取っていたのが、中国近代文学の父と呼ばれた魯迅《ろじん》（一八八一年～一九三六年）でした。魯迅は特に「仮説」に着目していました。ベーコンの四つのイドラ（偶像）を引用しながら、古人の模倣や古い因習にとらわれていては未知の探求はできないと説き、仮説を立てて実証し発展していく自立した精神を求めていったのです。そして、帰納と演繹という西洋の文化と、「述べて作らず」という儒教文化との違いは、現代の日本にとっても課題として残っているということが指摘されています。（伊藤虎丸『魯迅と日本人―アジアの近代と「個」の思想』朝日選書、一九八三年）

「述べて作らず」というのは、『論語』「述而」の中の一節で、過去に蓄積された知恵については述べるけれども、創作はしないという意味です。つまり、仮説は立てない、学ぶべきことはすべて過去の中にあるということになります。古人に遠慮して、古人を批判したり疑ったりすることもはばかれるという自国の文化と、デカルトの、すべてを疑っても疑っている自分は疑えない「われ思うゆえにわれあり」という思想との大きな隔たりも、魯迅は感じていたのでしょう。

　そしてこの違いは、儒教の影響を強く受けてきた日本にとっても、軽視できない問題なのです。私たちは、中国の悠久の文化を読み味わうことと同時に、「述べて作らず」の伝統を受け継いでいることを自覚した上で、帰納と演繹を組み合わせながら論を展開させていく方法をより積極的に身につけていくことが必要です。それが、主体的な「個人」として生きるために必要な精神だということが言えるでしょう。

　このように考えていくと、日本で広く読まれている魯迅の『故郷』という小説に出てくる「偶像崇拝」という言葉は、ベーコンのイドラ（偶像）を意識したものだということに気がつきます。そして

「希望」を「地上の道」にたとえて、「もともと地上には道はない。歩く人が多くなれば、それが道になるのだ。」（竹内好訳）という結びの一文からは、未踏の地に一歩踏み出して、実際に歩いて、その道があるということを実証していくより他に、「希望」を手に入れる方法はないのだ、という魯迅の思いを読み取ることができます。

8

第八章

実存・出会い・連帯

人助け　まず動くことと気づいた

高校生　鈴木志保（仮名）（千葉県　16）

帰宅途中、信号待ちをしていた時のこと。大荷物を載せた自転車の男性がバランスを崩し、自転車ごと転んでしまった。

助けに行った方がいい？　かえって邪魔にならない？　などと考え、私は動けずにいた。すると別の男性が駆け寄り、「大丈夫ですか？」と手を差し出した。

その光景に、何も出来なかった自分の恥ずかしさを痛感した。

人を「助ける」ことは本来、そう簡単なことではないだろう。多分今回は、かなり簡単な「助ける」現場だったはず。なのにとっさに動けなかった私は、もっと大きな現場に遭遇したら、なおさら動けないのではないか。

目の前で繰り広げられた光景に、「助ける」ことは他人の目を気にせず、「助けたい」気持ちに忠実に動くことだと感じた。

私は将来、医療系の仕事に就きたいと思っている。人を「助ける」仕事だ。これを機に、自分がすべきだと思ったことは、ためらわずに行動する人になろう。帰宅中の出来事に、そう誓った。

（朝日新聞　声　2020年3月26日）

【問一】　鈴木さんが定義した「助ける」は、辞書に書かれた意味とどのように違いますか。

表現のヒント　〈経験↕定義〉の関係に着目してみましょう。

「助ける」という言葉は、誰でも知っている言葉です。困っている人に力を貸してあげることです。しかし鈴木さんは、助けたいと思ったのにできなかったという自分の経験を見過ごすことができませんでした。「助ける」ということはどういうことなのか、考えめぐらせます。そして、この経験が深く心に刻まれ、普遍化していくことによって真の意味が生まれます。これが〈経験↕定義〉の過程です。「この言葉の本当の意味はそういうことだったのか」と、実体を伴った、生きた言葉として定義されたのです。鈴木さんが自分の心に誠実に向き合い、勇気を持って定義したこの言葉の意味を、多くの人がそれぞれの辞書に書き加えたことでしょう。

そして、鈴木さんの定義の中に重要な気づきが含まれています。「他人の目を気にせず」というところです。他人の目を気にすると助けることができない、ということに気づいたのです。

日本人は「世間」からどう見られるか、世間的に見て自分はどうふるまうべきか、ということを考えてしまいます。だからまず、世間から独立した「個人」として生きることが大切なのです。「個人」として今、何をするべきなのかと考える習慣をつけることが必要なのです。

鈴木さんの目の前で、別の男性が「助ける」という行動をとってくれました。この男性は、おそらく社会経験を積む中で、自分で動く、一人でやる、個人として生きる、ということを学んできたのではないでしょうか。もしかしたら、若い頃に鈴木さんのように動けなかった経験をして、変わっていったのかもしれません。

ではここで、対照的な出来事について考えてみましょう。数年前の大相撲地方巡業でのことです。土俵上で挨拶をしていた市長が突然倒れ、観客席にいた女性が救命処置をしようと駆け寄りました。すると「土俵から降りてください」というアナウンスが流れたのです。女性は一瞬躊躇《ちゅうちょ》しましたが、手際よく救命処置を続けました。その後、相撲協会は不適切なアナウンスだったということを認めましたが、考えさせられる出来事でした。土俵に女性を上げるかどうかの論議とは別に、「人命を守る」という動きを遮るものがあるという事実を目の当たりにしたように感じました。もし自分が関係者だったらどうでしょうか。「女性は土俵に上がってはいけないというルールはあるけれども、今は人命救助を優先するべきだ」という判断を、確信を持って行えるでしょうか。そういう判断をマニュアルのように覚えておかなくてはいけないのでしょうか。マニュアルではなく、様々な場面で共通する確かな判断基準をつくっておくべきではないでしょうか。

日本では、個人と国家の間に存在する様々な中間団体がつくる「部分社会」の中だけで通用するルールを重視する傾向があります。（樋口陽一・前掲書）この事実を頭に入れて、人命や人権を守るためには「部分社会」の規範や慣習をすり抜けて「中間団体」の中から「個人」を助け出さなければならない、ということを明確にしておく必要があるのではないでしょうか。特に福祉の仕事では、家庭や職場、学校という小さな「部分社会」の中に入っていって「個人」を支援することも求められています。その時に、「部分社会」の中のルールと対立して一瞬躊躇することがあるかもしれません。そのような時でも慌てず、その都度、人命や人権を守ることの普遍的な意味を確認して的確な判断をしなければいけないのです。

このように、「個人」として助けることも、「個人」を助けることも、「助ける」という行為を困難にする要因が日本社会には存在しています。だからこそ鈴木さんが定義したように「他人の目を気にせず、『助けたい』気持ちに忠実に動くこと」が大切なのです。そして、「助けたい」という気持ちにより忠実であるために、「個人」を通り越して「実存」という存在に立ち返ってみてはどうでしょうか。私たちはたった一つの「実存」として、この世界に存在しています。様々なしがらみから解かれた「自由」な存在になって、お互いに助け合っていくことが大切なのです。

「自由」であるということは「人権」の根幹にかかわることです。誰もが自由を失いたくはありません。しかし、「自由なものとして乗り出したが最後、われわれはたえず現在の一歩を自己の責任において踏み出さなければならない」（松浪信三郎『実存主義』岩波新書、一九六二年）と言われると、その責任の重さにたじろいでしまいます。それでも私たちは、絶えず次の一歩を、自分の責任において踏み出さなければいけないのです。それはなんと勇気のいることでしょうか。しかもその一歩は、失敗に終わるかもしれないのです。でもその一歩は、自分自身の人生を生きるために必要な一歩であり、仮説を立てながら発展してきた近代的「個人」として果たさなければいけない一歩でもあります。近代化を選んで民主社会を生きている以上、私たちは、自分に対しても社会に対しても責任ある一歩を踏み出さなければいけないのです。その一歩を踏み出す勇気を知っている人は、誰かの勇気ある失敗を笑ったりはしないはずです。「それみたことか」などと言うはずはありません。そのような社会をつくっていくためにも、私たちは「実存」として、本来あるべき自己であろうとする一歩を、時には失敗しながらも歩み出さなければいけないと思うのです。私たちは、その勇気を見失わないようにするために、「実存」として連帯していかなければいけないのです。

運転士さんへ　エール

大阪市　遠藤紀子　無職　70歳

電車の一番前の車両に乗った。乗客はチラホラで運転士がよく見える。帽子と制服の形から女性だ。背中をすっと伸ばして仕事をする様に、若さと誠実さがにじんでいた。前方に手をやり、指さし確認をして発車した。

15年前、私が勤務した高校の卒業生で運転士になった女性がいたと知り、会いに行ったことがある。就職当時の話を聞いたら、自分で会社に電話して採用試験を受けたという。入社後、仕事は駅構内の混雑整理から始まり、車掌を経て運転士へと進んだ。運転士になった最初は女性専用の更衣室などなく、臨時の間仕切りの空間で気を張りながら着替えた。話を聞いて、男ばかりの仕事場に女性が一人入る大変さは、想像を超えるものだったと感じた。

いま目の前の彼女を見て、エールを送りたくなった。降りる駅で、ドアを出るとちょっと立ち止まった。その時、彼女は後方車両の確認のため窓から顔を出した。私は近づき、「頑張ってください」と言った。一瞬緊張した顔がほころんで、「ありがとうございます」と笑顔で返してくれた。押しつけがましかったかなと思いながらも、私の足どりは軽くなった。

（朝日新聞　ひととき　2018年5月25日）

【問二】　ここでは、遠藤さんと女性運転士との人生が、偶然出会い、交差します。それぞれ、どのような人生だと考えられますか。次の空欄に当てはまる言葉を考えてみましょう。

遠藤さんは、教育に携わった経験もあり、働く女性を（　ア　）したい気持ちが強い。初めて女性運転士になった女性を訪ねたほどである。男性の多い職場で働く女性の苦労を知っているだけに、今、いきいきと働く若い女性運転士と（　イ　）ことに感慨深いものを感じている。一方、女性運転士は、おそらく強い意志を持ってこの仕事に就いたのだろう。毎日誠実に勤務を続けている。突然、年上の女性に励まされて驚いたが、笑顔で感謝した。この女性に会わなければ、自分を（　ア　）する女性がいることを知らなかっただろう。

ここで、遠藤さんが「押しつけがましかったかな」と思いながらも、声をかけたのはなぜでしょうか。今、エールを送らなければ、もう二度とこの女性運転士に会えないかもしれないと思ったからではないでしょうか。今、偶然出会った「実存」同士だという視点があったから、声をかけ、思いを伝えることができたのではないでしょうか。ここにも「実存」としての連帯を感じることができます。

子どもの頃は、家庭や学校でいつも同じ顔に囲まれて生活していますが、やがて社会に出れば、二度と会わない人や二度と会えない人が大勢いることがわかります。一人一人がバラバラに存在する「実存」の、それぞれの人生が一瞬交差する「出会い」のなんと不思議なことでしょう。その一瞬の中にも連帯の絆を結ぶことができるのです。〈われ―なんじ〉の関係を結ぶことができるのです。

普段、連帯という言葉は、「連帯責任」とか「クラスの連帯感」というように、集団の中で用いられることが多いようです。しかし「実存」に由来する連帯は、いつでも誰とでも時空を越えて結ぶことができます。本来あるべき自己になろうとする「実存性」と他者の「実存性」が同じ弧を描き、重なる瞬間です。それが一瞬の出会いとして経験されることもあれば、持続的な関係を保つこともあります。自分の生き方に響いてくるもの、自分の存在に光を当ててくれるものが心の琴線に触れ、私たちの「実存性」は大きく共振し、連帯の力を感じることができます。自分自身を取り戻し、命の輝きを取り戻すことができます。それが〈われ―なんじ〉の関係なのです。

ブーバーは「汝に接して我となる」（前掲書）と言っています。私たちは「実存」として存在していますが、他者との出会いによって「自己」となっていくのです。

【問三】　あなたの心に残る「出会い」について書いてみましょう。

表現のヒント　この設問には「この文章を踏まえて」というような条件がないので、「演繹法→帰納法」の流れで書いてみましょう。「出会いとは〜である・ではないだろうか」というテーマ・仮説を立てて、その例、根拠となる自分の経験を書いて、最後に、仮説を補足しながら結論をまとめてみましょう。

9

第九章

喪失体験がもたらすもの

「実存」として出会い、連帯の絆を結んでいくことは、私たちの生活を意味深いものにしてくれます。しかし一方で、「実存」は死と隣り合わせの存在であり、そのことを突然思い知らされて打ちのめされることがあります。

中原中也（一九〇七年～一九三七年）は、二歳の息子を失った時に絶望し、実存的危機に陥ります。そしてとても悲しい詩をつくりました。詩人が絶望し、次に希望を見出していきます。

愛するものが死んだ時には、

（略）

奉仕の気持に、なることなんです。
奉仕の気持に、なることなんです。

愛するものは、死んだのですから、
たしかにそれは、死んだのですから、

もはやどうにも、ならぬのですから、
そのもののために、そのもののために、
奉仕の気持に、ならなけあならない。
奉仕の気持に、ならなけあならない。

奉仕の気持になりはなつたが、
さて格別の、ことも出来ない。

そこで以前《せん》より、本なら熟読。
そこで以前《せん》より、人には丁寧。

テムポ正しき散歩をなして
麦稈真田《ばくかんさなだ》を敬虔《けいけん》に編み――

（　略　）

ではみなさん、
喜び過ぎず悲しみ過ぎず、
テムポ正しく、握手をしませう。

つまり、我等に欠けてるものは、
実直なんぞと、心得まして。

ハイ、ではみなさん、ハイ、御一緒に――
テムポ正しく、握手をしませう。

（中原中也「春日狂想」『在りし日の歌』）

【問一】　中原中也は、生きる希望を何に見出しましたか。

「もはやどうにもならない」という絶望の中で、詩人は「奉仕の気持」になるしかないと言います。ここでは「自分を捧げる」という意味でしょうか。そして「実直」に生きるしかないと悟ります。正直に一生懸命に生きるしかないと悟るのです。そして「喜び過ぎず悲しみ過ぎず」、淡々と現実を受け止め、「もはやどうにもならない」という思いを、握手をしながら収めていくしかないのです。

人間が、かけがえのない、死と隣り合わせの「実存」であるという現実に直面し、その「実存」に由来する絶望の中にあって、それを乗り越えるためには、「実存」の宿命を背負った者同士、手を取り合って悲しみを共有し、連帯の絆を結んでいくしかないのです。一つの命を深く愛することは、すべての命を愛することにつながります。〈個↕普遍〉の関係です。一つの命への愛情が深ければ深いほど、行き場を失った愛情はあふれ出し、普遍的な愛に変化していくのです。そして、実直に、誠実に、真実な生き方を、一生懸命に生きていくしか、もはやどうにもならないのです。このような喪失体験によって、私たちの「実存性」は最も強く認識されます。

（注）　この詩は、神谷美恵子『生きがいについて』（みすず書房、一九八〇年）において、生存目標の「変形」の例として挙げられている。

✵

妻の遺影に置かれた一杯の茶

無職　斉藤久（熊本県　95）

近くに住む娘夫婦と天草に1泊2日の温泉旅行に行ってきました。

個室での夕食はご当地ならではの海の幸。その料理を一緒に楽しもうと、亡き妻の小さな写真を食卓の隅にそっと立て、器に盛った料理を供えました。

妻は3年前胃がんでこの世を去りました。亡くなる前の数カ月間はほとんど食事がのどを通らず苦しい最期でした。それが忘れられず「今は何でも食べてくれよ」との気持ちを込め、旅行には必ず妻の写真を携行し、このような形でともに食事をしているのです。

部屋の担当女性は料理を一品一品丁寧に説明してくれます。何品目か運ばれた時です。ふと見ると、妻の写真の前にそっとお茶を置いてくれたのです。さりげない自然な形でした。その気配りに涙が出るほどうれしくなりました。その女性の心遣いに天国の妻もきっと感謝したことでしょう。

（朝日新聞　声　がんとともに　2020年2月4日）

【問二】　斉藤さんは、妻を失ったあと、どのような生き方をしていると読み取れますか。

斉藤さんは、胃がんで妻を失ったあと、妻に対して「今」できることを精一杯やっています。それは亡くなった人への供養というのと少し違うようです。病気で何も食べられなかったけれど「今」なら食べられるのではないか、おいしいものを食べさせてあげたいという思い、妻への愛情を、そのままに表現しているのではないでしょうか。天国に行ってしまった妻が、元気な頃の遺影の中にいるのです。その妻に精一杯の愛情を捧げ、自分にできることを精一杯にやっているのです。そして旅館の人も、そっとお茶を置きました。「今」天国から来ているお客様に、精一杯のおもてなしをしているのです。この女性が自然体で「実存」としての悲しみを共有しているところに、心を打たれます。

かけがえのない命に対する愛情は、その命がなくなったあとも続くのです。そしてまた、失われた命は残された人の心の中に生き続け、その人を真実な生き方へと導いていくのです。

＊

彫刻家で詩人の高村光太郎（一八八三年～一九五六年）は、妻・智恵子（『青鞜』創刊号の表紙を描いた女性）の死後十年を経て、次のような詩を書いています。

智恵子はすでに元素にかへつた。
わたくしは心霊独存の理を信じない。
智恵子はしかも実存する。

智恵子はわたくしの肉に居る。

（略）

（高村光太郎「元素智恵子」『智恵子抄』）

【問三】　死後に、心霊だけが存在し続けるという考え方と、元素になって存在し続けるという考え方と、どのような違いがありますか。

表現のヒント　逆説的な表現に込められた深い意味を考えてみましょう。

人が亡くなると、肉体は消滅したことになります。そして、肉体から離れた心霊だけが存在し続けると考える人は割と多いのではないでしょうか。しかし光太郎は、妻の肉体が「元素」という小さな物質になって自分の肉体の中に存在していると言うのです。

つまり、妻の肉体そのものが消滅していないのです。一般的には心霊だけが残ると考えるかもしれないが、そんなことではない、「元素」になって肉体も生き続けているのだという確信が、「しかも実存する」というところに表現されています。「実際に存在する」という意味では「実在」でもよいところです。しかし「実存」の方が、より強く本質的な深い意味を込めようとしていることが伝わってきます。

ところで、そもそも「実存」は「死」によって消滅することを前提としたものだったはずです。だからこそ尊く、かけがえのない存在だったはずです。しかし死んだ妻が、「しかも実存する」のです。ということはつまり、「実存」には「永遠」という意味が込められているということではないでしょうか。それを〈個↕普遍〉という関係に当てはめてみれば、智恵子という存在、その死を極めていくと「永遠」という普遍性に行き着くということではないでしょうか。「実存」は有限でありながら無限に生き続けるという、「逆説」でしか表現できないような深淵なところに、私たちは導かれてきました。

私たちは限られた命を精一杯生き、有限でありながら、無限の命をつなぎながら、歴史をつくっていくのです。

10

第十章

人間の一生・人間の歴史

私たちは、平均すると八十年くらいの年数を生き、一人一人の人生が少しずつ入れ替わりながら歴史をつくっていきます。では、一人の八十年の一生と、人間の八十年の歴史と、どちらが進展しているでしょうか。

そんなことを考えるのは、作家高橋和巳の「一人の女の八十年間の生は、その八十年間の時代の推移全体に対する、存在自体による反措定として無視することのできないものである」という一節（「女の耐える思想」『人間にとって』新潮文庫、一九七九年）が頭をよぎるからです。「反措定」というのは、ヘーゲルの弁証法で言うと「正・反・合」の「反」に相当します。そしてここでは「八十年の時代」とそれに「耐える思想」を対比させて、その思想的進展の度合いを比べているのです。「一人の女」というのは、『女と刀』（中村きい子）という小説の語り手となっている女性のことを指しています。高橋和巳は、一人の女性の人生の方が同じ年数の時代の推移よりもはるかに進展している、それを一人の女性の人生が実証している、と考えているのです。

そして、「無視することのできない」と言っているのは、この「耐える思想」こそが歴史の主体となり得る、ということを言いたかったのではないでしょうか。時代の流れにただ身をまかせているだけでは歴史の主体とは言えません。流れに耐えながら、ぬかるみに足をとられながら、自分の足で踏ん張って生きることによって歴史の主体となり、歴史をつくっていくことができるのです。

沖縄戦　父が書き続ける訳は

国家公務員　佐藤由美（仮名）（埼玉県　46）

沖縄の父は、暇さえあれば戦争体験記を書いていた。いつも戦争の話をした。夕飯のおかずを酒の肴《さかな》に、ビールひと缶で顔を真っ赤にして。

繰り返し話すので、覚えてしまった。家の周辺に焼夷《しょうい》弾が降ってきて花火のようだったこと。父親が喉《のど》の奥から「こぽこぽ……」という音を発し、息絶えたこと。母親の腹に艦砲射撃の鉄の破片が当たり、数時間後に死んだこと。10歳そこそこだった父自身の背にも鉄の破片が埋まった。弟は父の目の前で頭に銃弾が当たり死んだ。まだ赤子だった末の弟は妹に背負われたまま死んだ――。

私が産後うつで苦しんでいた時、父は私に「書け」と言った。苦しいことは日記に書け。お父さんもつらいことは全部書いてきた。最近ようやく、書いてあるから大丈夫、もう覚えていなくていい、忘れてもいいと思えるようになったんだ――。

私はやっと気がついた。父は戦争を語りたかったのでも、書きたかったのでもない。話さずに、書かずにはいられなかったのだ。命を奪われた家族の代わりに、長男の自分が覚えておかなければ。その一念でつらい記憶をたどり、戦争を、家族の最期を思い出し続けてきたのだ。

（朝日新聞　声　語りつぐ戦争　２０２０年６月20日）

【問一】　佐藤さんの父親は、どのような思いで沖縄戦の体験記を書いていたのでしょうか。また、そこから、どのような生き方がうかがえますか。

表現のヒント　「反措定」という表現を使うとどうなるか、考えてみましょう。

佐藤さんの父親は、沖縄戦で家族を四人失いました。失われた命を記憶し、その死を無駄にしてはならないという気持ちを持ち続けるために書いていたのではないでしょうか。失われた命をどうすることもできないが、その最期の瞬間の無残さからも目を背けず、戦争が二度とあってはならないという思いを持ち続け、伝え続けることが、失った家族に捧げる真実な生き方だったのではないでしょうか。そうするより他に、失われた命の尊厳を守る方法がないのです。

日本で唯一地上戦が行われた沖縄。戦後も多くの犠牲を払ってきた沖縄。戦後七十五年が経ちましたが、その間の佐藤さんの父親の思想的な進展に比べると、時代の進展はごくわずかだと言わざるを得ないのではないでしょうか。時間が経てば経つほど記憶は薄れ、風化していきます。佐藤さんの父親は、そんな時代の推移にあらがうように「反措定」として、戦争の記録、家族が生きた証を残し、この犠牲が無駄になることがあってはならないという強い信念を持っていたのではないでしょうか。

このような一人の人生で獲得された知恵をつないでいけば、もっと歴史は進展するのではないかと思いますが、時代は複雑に絡み合っていて簡単にはいきません。高橋和巳は続けて次のように書いています。「思想は飛行機や船便で海外から送りとどけられてくるものではない。本来それは、ある覚悟をもって生きる人間の生活の全体から、ある毒気をもってにじみ出すものである」。やはり、私たち一人一人の生活の中から、思想をつくり出し、歴史をつくっていくしかないのです。その「覚悟をもって生きる」しかありません。

✵

ピンク＝女の子？　違うでしょ

高校教員　千明俊太（群馬県　30）

３歳の息子と義祖母宅を訪れた時のことだ。息子はピンクの花柄の靴がお気に入りで、その日も履いていた。玄関口で義祖母と話していると、居合わせた7歳の従姉妹《いとこ》が「女の子みたーい」と靴を笑った。幼稚園などで男女の固定観念に気づき始める年頃だ。「ピンクの花柄＝女性」という考えも仕方ないと思い、口を挟まずにいた。すると義祖母が「ピンクの花柄が女の子なんて誰が決めたの？」とその子に問いかけたのだ。

齢《よわい》90を超す義祖母の言葉が衝撃だった。そして年齢が上がるほどジェンダーに関する固定観念が強いという、私自身の「固定観念」に気づかされた。義祖母のような人生の先輩方の努力のおかげで、今の社会が形成されているのだ。義祖母は社会の様々な課題について今も考え続けているのだろう。

保育園に通うようになった息子は、この先様々な固定観念の壁にぶつかると思う。その時「仕方ない」ではなくきちんと対話できる大人でありたい。

（朝日新聞　２０２０年6月21日）

【問二】　千明さんの義祖母は、二つの固定観念を打ち破りました。どのようなことでしょうか。

表現のヒント　そのことを「反措定」と「多様性」との関係から考え、まとめてみましょう。

高齢の義祖母は、いとも簡単に「ピンクの花柄＝女性」という固定観念を否定しました。そして、高齢になればなるほどジェンダーに関する固定観念が強いだろうという、千明さん自身が持っていた固定観念も否定されたことになります。このような義祖母の感性は、どのようにして生まれたのでしょうか。

現代社会の様々な課題について関心を持ち、考え続けているということに加えて、九十年という人生の重みについて考えてみましょう。九十年生きてきて、誰も「ピンクは女の子の色だ」と決めた人はいなかった、そんな決まりごとの実体などなかったという事実を知っているのではないでしょうか。そして九十年生きてきて、「女の子らしくとか、男の子らしくとか、あまり意味がなかった」ということを知っているのではないでしょうか。また、多くの喪失体験を経て、もともとの「実存」としてのあり方を見通しているという側面もあるのでしょう。「実存」として考えれば、男か女かということはあまり関係がないことなのです。

ところが、日本ではどうでしょうか。この九十年間で時代は大きく変わり、価値観も多様化する中で、ジェンダーに対する固定観念は存在し続けています。やはり、時代の推移は一人の内面ほどには進展していないのです。しかしだからこそ、その時代の「反措定」として、「誰が決めたの？」「それは本当なの？」と問いかけなくてはいけないのです。このように、一つの固定観念を疑い、別の見方としての「反措定」を提示していくことによって、社会の「多様性」は生まれてくるのではないでしょうか。

現代は「多様性」の時代と言われていますが、その割には私たちは、「違う」ということに慣れていません。ヘーゲルの弁証法を持ち出すまでもなく、一つの「正」が絶対的に正しいなどということはありません。必ず別の考えがあり、違う立場の人がいます。次々と新たな問題が出てきます。それが「反」です。立場を換えれば、正が反になり、反が正になります。それを止揚《しよう》してよりよい「合」をつくっていくことが大切なのです。「反」を恐れず、もっと普通に「反」を出し合い、話し合って「合」をつくっていけば、おのずと「多様性」が生まれてくるのではないでしょうか。価値観が多様化してバラバラになっていくのではなく、様々な価値観を認め合う社会をつくっていかなければいけないのです。

◆

真実に生きた一人の人間の足跡に触れる時、私たちは深い感動を覚えます。人間の普遍的な真実を、目の前の身近な人から感じ取ることは、私たちに命のつながりを感じさせてくれます。一人の人間の内面ほどには時代は進展してくれないけれど、一つ一つの命をつないでいくことで、確かに時代は進んでいくのです。

11

第十一章

命のつながり

眠る薪に高評価　亡き義父思う

養護教諭　伊藤美香子（岩手県　55）

小屋の隅に長い間山積みされていた亡きおじいちゃんの薪《まき》。大学生の息子が目をつけ、インターネット上のフリーマーケットに出品した。意外にも注文が相次ぎ、家族総出で荷造りを手伝うはめに。「こんなものが」と困惑するおばあちゃんまでかり出され、薪の束を箱に詰める。薪運びは結構重労働。ほこりで鼻まで真っ黒。変なことに巻き込まれたなと思っていたが、「リピーターの注文が入った」「品質が良いって」などとドヤ顔で報告する息子。「おじいちゃんの薪だからだ」と思う私。

義父は、どんな仕事にも手を抜かない人だった。建設会社に勤務し、道路やトンネル建設に県内外を飛び回る一方で、家では山仕事で切った木をコツコツと薪にした。時を経て手にした人たちも喜ぶようなものを残してくれた。

せっせと発送する息子のまめさは、おじいちゃんゆずりだと思う。春からは社会人。おじいちゃんみたいに、時間がたっても価値を感じとってもらえるような、良い仕事をしてほしいと願う。

（朝日新聞　声　２０１９年12月5日）

【問一】　伊藤さんの義父は、どのような生き方をしていたと読み取れますか。

表現のヒント　　具体的な記述を抽象化して、一言で表現するとどうなるか、考えてみましょう。

一人の人生を一言で表現することは無理かもしれません。それでも、端的に表現する言葉を探して〈個↕普遍〉の関係をたどり、言葉を「定義」することによって、その人に対する理解を深めることができます。個別の出来事を抽象化することによって、普遍的な意味を見出すことができるのです。

伊藤さんの義父は、建設会社に勤務して道路やトンネル建設に携わり、家では山仕事をしていましたが、どんな仕事にも手を抜かない人でした。何事にも真摯に向かい合う人だったのでしょう。特に建設の仕事では高い技術力と安全性にこだわり、まさに戦後の日本を目に見える形でつくり上げてきたのでしょう。そして薪づくりにおいても、使う人のことを考えてつくったということがわかります。このような生き方は、未来に対して責任を果たしていると言えるのではないでしょうか。

建設物はもちろん、地球も、歴史も、未来に引き継いでいくものです。私たちがどう生きるかによって未来は変わってきます。私たちは、未来に対する責任を果たしながら生きていかなければいけないのです。

【問二】　あなたは、身近な人から、どのような生き方を学びましたか。

表現のヒント　　その人の生き方を具体的に書いた上で、それを抽象化してまとめてみましょう。

身近な人が身近にいる日常では気がつかなかったことに、あるきっかけによって、または時間を経てから気がつくことがあります。私自身は、大学の入学式が学びの出発点だった、と序章で書いた通りです。ただ最近、やはり両親の影響を受けていたのだと考えることが多くなってきました。

私の両親は特に教育熱心ではありませんでしたが、今考えるとシュタイナー教育に近いものがあったと感じています。シュタイナー教育とは、哲学者シュタイナーが提唱した教育で、一九一九年にドイツにシュタイナー学校が創設されてから、各国に広がりました。『モモ』の作者エンデもこの教育を受けています。特徴的なことを二つだけ挙げると、一つは「手づくり」を重視すること、もう一つは「エポック授業」という忘れさせる教育が行われていることです。シュタイナー教育では、人類がその物を必要とした最初の体験を追体験することによって、その根源的な欲求が子どもの心に生まれてくると考えているのです。また、一つの科目を何週間か集中的に行い、次は別の教科に集中し、その間に前の知識を忘れさせる「エポック授業」では、知識が時間をかけて心の深いところに下りて浸透したもの、忘れてもなお無意識の領域に残っているものこそが本当に生きる力になると考えているのです。（子安美知子『シュタイナー教育を考える』一九八七年、『私とシュタイナー教育―いま学校が失ったもの』一九九三年、いずれも朝日文庫）

私の父は、趣味と実益を兼ねて様々な物をつくり、修理しました。ブランコや鉄棒もつくってくれました。子どもの頃の私は鉄棒が好きで、クルクル回って遊んでいました。そして最近、鉄棒の下にマットが敷かれていたことを思い出したのです。もちろん父の手づくりマットです。私は鉄棒から落下したことはありませんでしたが、父は万が一のことを考えていたのです。父はどこまでも私を守ろうとしていたのでした。だから私は、父から自立するために理論武装しなければならなかったのです。

母もまた何でもつくりました。そんな母のそばで、私も編み物や洋裁に熱中しました。一針ずつ縫うことは一文字ずつ書くことに似ている、と最近考えます。少しずつ自分自身をつくっていくこと、自分で価値をつくり出していくことです。だから私は、自分自身の人生を生きていきたいと思い、文章を書きたいと思うようになったのです。

このように考えていくと、あれは両親からの「エポック授業」だったのではないかと思えてくるのです。シュタイナー教育の知識もない両親の、心づくしの「エポック授業」が、何年もの「時間」を経て私の生きる力となり、さらに何年もの「時間」を経てそのことに気づかせてくれるのです。

母の優しい心の声

宮崎市　児島直美　非常勤講師　58歳

母が認知症になって8年目となった。施設の職員さんに見守られ、お陰様で元気に過ごしている。最近は、認知症が進んで言葉（単語）が出ないことが多くなった。自分の言いたいことが表現できなくてもどかしそうにすることもあるが、母が感覚的に発した、その言葉のチョイスに思わずはっとすることも多い。

病院受診の時など、母を助手席に乗せて運転していると「直美ちゃんは正々堂々と運転しているね！」と言う。病院への国道バイパスは、母にとっては広大な道なのだろうか。満面の笑みで娘の運転をたたえている。前に大型トラックがいて見通しが悪いと「心苦しいねえ」。少し眠くなると「何だかうっとりする」。その語感はどこか優しい。

先日、母を訪ねると、私の手をやわらかく握って「宝物」と言ったことがあった。胸をつかれた。たった一つの単語がこれほど切実に人の思いを表現するのか。それは意味を伝える記号ではなく、本能的な部分で私の内に語りかける声のようでもあった。何と返してよいかわからず、私はただ母を抱きしめていた。母はうれしそうにしていた。

切なさがあふれた、6月の静かな午後だった。

（朝日新聞　ひととき　2019年7月5日）

【問三】　児島さんの母親が「宝物」と言った時、どのような「時間」が流れたのでしょうか。

表現のヒント　**〈感覚↕経験↕定義〉の関係を思い出してみましょう。「自分の中に自分の時が流れはじめた」という「感覚」が成熟すると「経験」になり、それが普遍化することによって言葉が「定義」されます。**

自分の中の時間、ここでは文字通り、これまで親子で過ごしてきた時間が走馬灯のように流れ、心の中で響き合っていたのではないでしょうか。そして、大切なかけがえのない娘に自分の時間を引き渡していくような、そんな時間が流れていたのではないでしょうか。

理屈から言えば、言葉は記号です。しかし児島さんは、あえてそれを否定しました。この場面で「宝物」という言葉には、単に「大切なもの」という一般的な意味を超えた、深い思いが込められています。児島さんが「本能的な部分で私の内に語りかける声」と表現したものは、大きな深い命のつながりから注ぎ込まれてくる愛情そのもの、命そのものだったのではないでしょうか。

私たちは誰もが母親から生まれました。それから、何十年という時間が流れ、母親は年老いていきます。もう眼前にはいないという人もいるかもしれません。しかし、生命を生み育てたその愛情は、永遠に続くかのように、私たちを包み込んでくれているのです。

✷

エンデの『モモ』という作品の中で、モモという女の子が「時間のみなもと」を訪ねる場面があります。美しい花が咲き、やがて花びらが散っていく。光が美しく響き合い、一人一人に語りかけていく。その一瞬一瞬が私たちの「時間」であり、命そのものだというのです。そして、死後はまた「時間のみなもと」すなわち「命のみなもと」に戻り、地上に光のメッセージを送り続けているというのです。

大きな命のつながりを、実際に見ることはできません。大きな命のメッセージを、実際に聴くことはできません。しかしファンタジーの世界で表現された美しい「命のみなもと」の情景は、命がつながっていること、大きな命に守られていることを私たちにわかりやすく教えてくれます。

そして、この情景を思い起こさせる様々な場面で、私たちの心は深く揺さぶられます。私たちは、一人一人が、大切な命を託された「宝物」なのです。

おわりに

人間は自由で平等です。個人として尊重され、人権が守られなければなりません。誰もが知っていることです。しかし、頭でわかっていても、本当に心でわかっているでしょうか。また逆に、心でわかっていることを言葉で説明できるでしょうか。もっと人権について、人間について、言葉で表現してほしいと思います。もっと普段の生活の中で、「この場面ではどうか」「自分の場合はどうか」と語り合ってほしいと思います。それが〈個↕普遍〉の過程をたどることなのです。そのような生活の基盤があって、その上に「福祉社会」を構築することができるのです。本書がその一つのきっかけになることを願っています。

「福祉」は、様々な人に寄り添い、支援することが求められています。そして一人一人の人権を守ることが求められています。その人権を理解するためには「個人」を理解する必要があります。しかし日本では、「世間」や「家」などいろいろなことがあって、「個人」を取り出すことが難しいのです。そこで思い切って「実存」と考えてみたらどうでしょう。たった一個の命、全く自由で平等です。そこから命を見つめ、人間本来のあり方を考えてみてはどうでしょうか。

「実存」は、死に隣り合わせの孤独な存在です。そこに思いをはせる時、人間は誰でも人間としての悲しみを共有し、連帯の気持ちを持つことができます。「それはつらいだろう」と思い、「頑張ってほしい」と思います。また、自分自身の「これをやらなければ」という強い思いがこみ上げてきます。人間本来の姿、自分本来の生き方、真実な生き方を求めていくに違いありません。それが人権を守ることであり、自分らしく生きることであり、未来へ命をつないでいくことだと思うのです。

「個の極致」としての様々な「実存」に思いをめぐらせ、そこから人間性について考え、社会について考えていく、このような誠実な営みこそが真実な生き方だと言えるのではないでしょうか。そして、かけがえのない一つの命を大きな命につなぎ、〈個↕普遍〉の過程をたどりながら、私たちの心は自分自身にかえってくるのです。本来あるべきところへと立ち出でていく「実存」は、絶えず新しい自分をつくりかえながら、自分自身を生きていくのです。

こころよ　では　いつておいで
しかし　また　もどつておいでね
やつぱり　ここが　いいのだに
こころよ　では　行つておいで

（八木重吉「心よ」『秋の瞳』）

やっと、この本を読み終えて、あなたの「こころ」は、あなたのところに戻ってきました。「こころ」は「意味」を求め、「言葉」が「意味」を与えてくれます。あなたの「こころ」は「宝物」という言葉を持って、あなたのところに戻ってきました。あなたは大切な「宝物」です。あなたの「こころ」があなたを選んで戻ってきたのです。

やつぱりここがいいのだに

あとがき

この本を書こうと考え始めたのは、昨年の七月でした。夏に構想を練り、秋はひたすら書き、冬に書き上げました。原稿は㈱みらいの荻原太志さんに託しました。荻原さんとは、二十年前に高齢者福祉のテキストを分担執筆させていただいた時のご縁です。

思い返せば、二十年前のその仕事を区切りに、私は全く畑違いの仕事に就くことになり、「福祉をいかに認識するか」という研究テーマを封印したまま、あわただしい日々を過ごすことになったのでした。

しかしその二十年は、シュタイナー教育の「エポック授業」で言えば、知識が心の奥深くに浸透するための時間であり、また、それを現象学のエポケー（判断中止）と捉えれば、目の前の現象をありのままに見て、新聞記事をただひたすら読んで、自分の心で感じ自分の頭で考えるという作業をしやすくしていたとも言えます。自分自身の「実存」としての気づきから、「これが福祉なのではないか」と福祉を認識していく、という日常の積み重ねによって、かえって本質に近づくことができたのではないかとも思えてきます。

研究テーマという枠を越えて、一人一人が大切な存在だということに気づいてほしい、自分らしく生きていってほしい、という切実な思いでこの本を書くことができたのは、やはり、この二十年があったからこそなのです。「自分らしく生きる」と言っても、いつも順調にいくわけではありません。誰もが様々な事情を抱え、悩み苦しみながら、そうせざるを得ないという選択をしながら生きていきます。そのような思いも含めて、人間らしく自分らしい生き方だと、それぞれの人生を肯定していきたいと思います。

ともあれ、二十年間私の心の中でうごめいていた青虫は、ようやく羽化を遂げることができました。今まで息をひそめていた青虫が、多くの方々からのお力添えをいただいて、見違えるような姿になって目の前に現われ、旅立ちの日を待っています。

転載を承諾して下さった投稿者の方々をはじめ、私に書く勇気を与えて下さった方々、最初の読者として共感を寄せて下さった荻原さんをはじめ、素敵なノートに仕上げて下さった㈱みらいの皆さまに、心からお礼申し上げます。

真新しい晴れ着に身を包んで、今、私のノートが飛び立とうとしています。失敗を恐れず、「反」を恐れず、しかし、どうか私の真意が伝わりますように、という願いをかけて、送り出したいと思います。

では　いっておいで

二〇二一年五月

落合　容子

著者紹介

落合　容子（おちあい　ようこ）

1965年栃木県生まれ
東京女子大学文理学部日本文学科卒業。
高校教諭を経て、中央大学法学部通信教育課程卒業。
日本女子大学大学院文学研究科社会福祉学専攻修士課程修了。
専門学校非常勤講師として勤務するも2000年より中断。
2019年再開、本書の執筆に至る。

自分らしく生きるための言葉を紡ぐ
文章表現ノート
—実存としての気づきから自己実現へ

2021年 6月20日　初版第1刷発行

著　者　落合　容子
発行者　竹鼻　均之
発行所　株式会社 みらい
〒500-8137　岐阜市東興町40　第5澤田ビル
TEL　058-247-1227(代)
FAX　058-247-1218
http://www.mirai-inc.jp/
印刷・製本　株式会社　太洋社

ISBN978-4-86015-554-4 C1012